初心之地的青春告白

主编◎ 朱吉政　何美龙

上海市实验性示范性高中
"闵行中学杯"庆祝中国共产党
百年华诞主题征文选

上海教育出版社
SHANGHAI EDUCATIONAL
PUBLISHING HOUSE

主编　朱吉政　何美龙

编委　朱吉政　何美龙　邵　清
　　　　钟　明　林　唯　谢庆甫
　　　　刘福朝　邢三多　蒋建国
　　　　俞金飞

序言

"心怀百年奋斗目标 彰显青春蓬勃力量"——上海市实验性示范性高中"闵行中学杯"庆祝中国共产党百年华诞主题征文汇编出版了,值得祝贺!

祝贺此次征文活动的成功举办,祝贺获奖同学,更祝贺所有参加的同学们获得了人生的又一次体验!

感谢上海市中小学德育研究协会实验性示范性高中专业委员会长期来为同学们的成长搭建平台,感谢评委老师和闵行中学付出的辛勤劳动!

这次征文,共收到参赛文章281篇,由活动组委会与闵行中学共同开展评审工作,经过初评和复评,最终评出一等奖9篇,二等奖20篇,三等奖30篇,优胜奖22篇。

优秀文章要求主题鲜明,能够表达责任与使命;内容以小见大,反映亲历见闻与体验;并能文质兼美、精练流畅、富有感染力。希望获奖作者百尺竿头、精益求精。

2020年,我们党团结带领全国各族人民取得抗击新冠肺炎疫情斗争胜利的重大成果,又完成了全部消除绝对贫困、解决区域性整体贫困的艰巨任务,创造了彪炳史册的人间奇迹。党的十九大报告明确提出两个百年的奋斗目标,即:在中国共产党成立100周年时,全面建成小康社会;在新中国成立100周年时,建成富强、民主、文明、和谐的社会主义现代化国家。

回想100年前,中国共产党第一次全国代表大会召开时,只有代表13人,全国党员50余人。在那内忧外患、积贫积弱、党派林立、纷争不休的社会里,她的力量何等微小。然而,"其作始也简,其将毕也必巨"。在中国共产党的领导下,久经磨难的中华民族实现了从站起来、富起来到强起来的伟大飞跃,坚持走中国特色社会主义道路,为实现中华民族伟大复兴而不懈奋斗,从而创造了辉煌的业绩!如今薪火传承的责任已落到青年接班人的肩上。青年兴则国家兴，青年强则国家强；青年一代有理想、有本领、有担当，国家就有前途，民族就有希望。领袖毛主席对当时的新青年有诗云："恰同学少年，风华正茂；书生意气，挥斥方遒。指点江山，激扬文字，粪土当年万户侯。曾记否，到中流击水，浪遏飞舟？"自古英雄出少年，《共产党宣言》发表时马克思30岁，恩格斯28岁；中共一大召开时，毛泽东28岁；周恩来参加中国共产党时是23岁，邓小平参加旅欧中国少年共产党时是18岁。在改革开放、建设社会主义现代化中国的岁月里，航天报国的嫦娥团队、神舟团队平均年龄是33岁，北斗团队平均年龄是35岁。

毛主席有诗云："自信人生二百年，会当水击三千里。"孟子说："天将降大任于斯人也，必先苦其心志，劳其筋骨，饿其体肤，空乏其身，行拂乱其所为……"《论语》有云："士不可以不弘毅，任重而道远。"这些都为我们树起了人生的航标，激励我们砥砺前行。此次征文的主题正是"心怀百年奋斗目标 彰显青春蓬勃力量"。

新年伊始，习近平总书记号召全党认真学习党史，做到学史明理、学史增信、学史崇德、学史力行……以昂扬姿态奋力开启全面建设社会主义现代化国家新征程。由此，青年学生要亲身体验建党百年系列活动，坚定理想信念，志存高远，脚踏实地，勇做时代弄潮儿，在实现中国梦的实践中放飞青春梦想，书写人生华章！

上海市中小学德育研究协会会长　姚家群

2021年3月11日

目录

百年葳蕤

今日得空，我在老闵行的"一号路"上信步徜徉。冬日的暖阳落满一身，如同母亲的爱抚，仿佛有一只宽厚的手掌轻拍着肩背，使人感到既安心，又熨帖。连平日里一向桀骜乖张的风也安静下来，低下头，悄悄地走。拂过你身旁时，香樟树叶窸窣作响，你听，是他在向你问好。

举目，凝神细看，与往常相比，冬日里的香樟树叶也掉落了不少，道路两旁的香樟相向而拱，似乎是弯着腰伸长了臂膀，又将彼此的双手相握。拍一拍粗壮的树干，发出闷沉的回响，你俯身上去听，便能感受到那皲裂的深褐色表皮下，正积蓄着一种力量，只为等待着春天的到来而再次蓬勃生长。

这条香樟大道，如今看来安详宁静，似乎很是普通。但每一个上了些年岁的老闵行人都知道这条路也曾拥有盛名。如今的人行道边，有一排排介绍老闵行卫星城历史的宣传板，绵延几百米。走在其中，仿佛置身于时间的隧道，卫星城的前世今生和中国重工业发展的历史画卷在我面前徐徐展开：一座座工厂在荒芜的田野里拔地而起，汽轮机厂、电机厂、锅炉厂、重型机器厂，闵行人津津乐道的"四大金刚"横空出世；香樟一条街仅用了短短 78 天就高质量地建成，成为献给共和国 10岁生日的礼物，300 多棵香樟树至今浓绿苍翠、生机勃勃；第一台汽轮机、第一台汽轮发电机、第一台万吨水压机……新中国重工业史上多少个第一在这里诞生，举国振奋，世界关注。

我在闲庭信步中重温"四大金刚"曾经的辉煌，心中自然生出激越与自豪之情。但最触动我心怀的，却是两张年代已有些久远的老照片。一张是 20 世纪 50 年代电机厂青年工人与毛主席的合影，另一张是 90 年代劳动模范、优秀党员们的"全家福"。50 年代的照片里，人们脸上有着那个年代标志性的笑容，纯真、朴实，又带着一点羞涩。90 年代的照片里，劳模、党员们大多两鬓斑白，但神情平静从容，流露

1

出欣慰与自豪。这是两个年代的照片,但照片上的人们不正是同一代人吗?两张照片只隔着几十米陈列,但对照片中的人们来说这距离却是大半生的时光。风华正茂的青年,成熟稳重的长者,两种形象在我眼前交错起来,刹那间我有些恍惚,不知道究竟哪一个形象真正代表了他们? 也许,这两种形象融合在一起才构成了真正的他们。他们是朝气蓬勃的青年,又是功绩卓著的前辈。他们从旧中国走来,在党和祖国的召唤下汇聚到新中国第一座工业卫星城。建设祖国的热情振奋了他们的精神,放眼未来的憧憬鼓舞着他们的斗志。他们中的每一个人,都再平凡不过,但聚合在一起却能奏响时代的最强音。一条街,一座城,就在他们的求索与奋进中走过一段激情燃烧的岁月,至今余音不绝,激励后人!

小小的卫星城,是新中国的缩影;平凡的他们,是中国共产党人的代表。建党伟业,百年风云,有多少个他们,铺就了中华民族伟大复兴的金光大道! 他们,是五四运动中为民主科学而高声疾呼的青年,是抛头颅洒热血的革命者,千疮百孔的中国在他们的顽强斗争中迎着旭日获得新生;他们,是为新中国发展奉献芳华的青年,是走遍祖国大地、筚路蓝缕的建设者,百废待兴的中国在他们的艰苦奋斗中矗立于世界的东方;他们,又是在改革开放年代勇立潮头的青年,是放眼世界的追梦人,历经坎坷的中国在他们的奋力追赶下跟上了时代发展的脚步。百年辉煌,壮怀激烈,但时光无情,他们终将老去。然而,回首往事的时候,他们无怨无悔,问心无愧。他们开创的事业,如参天大树,根深叶茂;他们的精神与人格,如枝头繁花,芳香沁人。他们中的大多数,并不可能青史留名,但他们探索的足迹和奋斗的群像都将成为百年历史记忆的一部分,令世人动容,让后人景仰,他们生动诠释着人生的价值与共产党员的使命!

在两张照片前,我驻足良久。我一直在思考,自己愿不愿意成为"他们",能不能够成为"他们"。一腔豪情虽然充溢于胸中,但真切地感到这份向往并不轻松。每一代人也许都有自己不同的使命,但若要不负使命,信仰、毅力、智慧、勇气是永恒的依凭。在一个充满挑战的时代,平凡如我准备好了吗?沉思中,突然之间似乎又有些明白,哪个时代没有挑战?哪位英才诞生于卓越?一切成就也从来就不是上天的馈赠,而是一个人用其一生的奋斗与求索去慢慢得到的奖赏。既然如此,何不就从现在开始,种下一棵苗,期待着未来长成一棵树,收获满园的春色? 正如李大钊所言:"以青春之我,创造青春之家庭,青春之国家,青春之民族,青春之人类,青春之地球,青春之宇宙,资以乐其无涯之生。"青春,也许不只是人生的一个阶段,更是一种信仰、一种姿态、一种昂扬进取的精神,是永葆活力与生机的宣言。一切的未来,都从青春的当下启航。青春无悔,人生才能无愧。我,终有一天会成为又一个百年里"他们"中的一员!

冬日的香樟枝头略显稀疏,但等到春暖花开的时候,绽放的新芽又将诉说年复一年、生生不息的故事。百年光阴,如白驹过隙,时不我待。百年葳蕤,须新人栽植,责在吾辈。如此想着,攥着香樟树叶的手紧了紧,我的脸上不由自主地洋溢着自信的笑容,昂首阔步,循着香樟的指引一路向前。身后,落满了一地阳光的剪影。

上海市闵行中学 顾心妍

百年,一段不平凡的岁月。中国共产党领导人民为实现中华民族伟大复兴的历史使命无私奋斗、拼搏、牺牲、奉献……这份直抵心灵深处的震撼与感动便成为学生创作《百年葳蕤》这篇文章的最初动因。顾心妍的初中与高中均在老闵行就读,因而与这座卫星城结下了不解之缘。这座小城是一个缩影,见证了它在党的领导下,中国的每一处所发生的翻天覆地的变化。"从细微处见真章",学生采用以小见大的手法,以老照片为切入口,通过对"一号路"上香樟的描绘来引入主题。同时香樟的葱绿葳蕤也象征了中国共产党历经百年的蓬勃发展。作品表达了一个00后的当代学生对党、对祖国最衷心的祝福!

指导教师:何弘

心怀百年奋斗目标　彰显青春蓬勃力量

——记一名高中生的理解和祝福

　　苦过来的长辈常叙往日穷困,追忆过后总不免庆幸:"幸好后来搞改革开放!"说着激动地拍方向盘,示意眼前宽阔的马路,"才40年啊!这真是……"1998年湖北大水,奶奶至今都在门口比画着追忆:"这么大的水哦!那些解放军就去抢险,你想想有多吓人哦……"

　　人们常说"中国",说她从站起来到强起来到富起来,说"中国制造""中国速度",因为"国"更宏观,这是作为整体面向世界的身份,更是国人的自信和骄傲。但在这个共同的精神符号之下,也无不彰显中国共产党的领导作用。又在这个因共同的伟大目标建立起来的组织下面,隐没着一群人,他们埋头耕耘,燃烧自己生命,做支撑起这个国家的大梁。他们被称为——共产党员。

　　这里每个人都懂得见贤思齐:语文老师讲到钟杨时尊敬地称他为教授:"钟杨教授主动申请成为援藏干部。我也是党员,我真是太感动了!"这里每个人都体贴温暖:《长征胜利万岁》中详细描写了邓小平关心干部:"小平同志高兴地笑了,又说:'讲好了,一言为定。如有多,还可以为机关同志添件衬衣。'"这里每个人都放不下自己的事业和理想,更放不下人民:焦裕禄身患肝癌,在病床上最后一刻才承认"我不行了",但紧接着就是:"活着我没有治好沙丘,死了我也要看着你们为百姓把沙丘治好。"

　　后来,我在政治课上学到了一个词组,叫党员的"先锋模范作用"。我想这大概是这个组织成员的义务。但总觉得还不够。这群人的行动,并不仅仅能用书本上这一词组的六个字概括,他们不仅仅履行了他们的义务,更把它当作了情怀、使命和信仰。

　　为了什么呢?党的性质和宗旨都立足于人民。但当每一个党员干部在具体践行时,知行合一显然都塑造出了他们自己对"人民"的理解。在钟南山眼里,人民是躺在病床上气息奄奄,但依旧渴望存留于世的生命,于是"把最危重的病人送到我这里来";在袁隆平眼里,人民是小时候饿倒在路边奄奄一息的老百姓,于是"我有两个梦,一个是禾下乘凉梦,一个是杂交水稻覆盖全球梦"。由此,生命、百姓从白纸黑字变成了一个个鲜活、灵动的理想,这些光亮在奋斗的路上为民族带去了希望,将"中国"这个灰头土脸的孩子从地上拉起来,穿上了最鲜红的衣服,戴上了最暖黄的勋章。

而我又常想,想所有青年人之想:我们是普普通通的高中生,党和国家的大政方略和我们有什么联系呢?

《人民日报》每天都在告诉我答案。"十三五"以来,中国增加财政支出,修厕所,建公路,提高她的百姓的生活质量;支持乡村教师队伍建设,提升现代职业教育,促进人的全面发展;免费救治新冠肺炎患者,增加农业保险,提高民生治理效能。中国载人深潜事业上,从"蛟龙"号到"深海勇士"号再到"奋斗者"号,可以同时搭载3人下潜的万米载人潜水器,具备覆盖全球海洋100%海域的作业能力。而对于青年们,国务院办公厅也发布《关于全面加强和改进学校美育工作的意见》,重视素质教育的深入。党的工作,国的规划,方方面面,面面俱到。这些都和我们有联系。

泱泱大国,用行动深刻地影响着我们青年人。众志成城,火神山医院10天落成,不可思议的"中国速度"震撼人心;大国担当,中国派出医疗队支援海外各方抵抗疫情,以身作则;报纸上、政治课上,无时不在强调创新精神,呼吁中华民族伟大复兴,自强不息。所有这些无不感动我,告诉我:"想想你的人生,你的国家,国家的文化!"党有坚定的目标和信念,中国有无边的从容底气,光辉的道路逶迤铺开,蜿蜒到我的、每一个青年的脚前。在前辈创造的丰富的物质条件下长大的我们,也有义务、有使命、有信仰,要从前人手里接下镰刀和锤头,坚定党的信念,抱定宗旨,继续拓展他们一路走来的、不容停下的道路。

在中国共产党成立百年之期,我相信,它的预定目标已经实现,而再后,新的目标又立起来,新的征程又待开启。这之间,将有青年人的参与,我们时刻准备着奉献我们的青春和汗水，我们的真诚和执着。

上海市南汇中学　严　诏

　　文章语言朴素，中心明确，构思合理，行文层次清楚。该同学在日常生活的积累中，仔细观察思考。她看见中国共产党以往的奋斗，看见现在的成就，看见未来的远大目标，并牢记于心。义务、使命、信仰，似乎对平常学生很遥远的词语却早早出现在她的文章里。文章充分体现了一个高中生的虽不太成熟但真诚的政治思考，具有一定的代表性。

指导教师：张燕

一间小小自习室联络起青春奋斗的身影

明天就要复学了,在"网课时代",我组织班级同学创立的自习直播室总共开启了 53 次。每一天,我都能在这里看见同学们青春奋斗的身影。

回想起 2020 年的 2 月 18 日,原定我要在那天返校开学。然而突如其来的新冠肺炎疫情,迫使我在线上和老师同学们相遇了。第一节网课,老师布置的作业是写短文,题目叫"青春的价值"。当时,与这项作业对应的课文是《沁园春·长沙》。词中有一句"恰同学少年,风华正茂,书生意气,挥斥方遒"。那晚,我将这句词引用到了我的短文里,并写下:"青春的价值正是在于和同学们一齐努力,携手奋进。"随即将作业发给了老师。

接下来的每一天,我总是觉得同学们对网课的新鲜劲儿正在散去。也许大家都和我一样,合上电脑,传好作业,感觉正常的校园生活恍若隔世般遥远。夜里,双眼直勾勾地望着天花板,回想最初自己写下的文字,心里既有火苗,也有遗憾。在网课时代,一面屏幕使同学之间的"携手"变得如此困难。"仅仅看着网课的头像可不算并肩携手",我这么对自己说,"如果同学们都期待着能再度和大家相聚,我就能够促使这变为现实,只要用会议软件开个大家都能来的'自习室'就行。"

自习室的灵感,来自网络上的学习直播,主播自己用功复习迎考,网友监督。而在我的构想里,是大家一起学习,互相监督;打开摄像头,让同学们见到对方。我相信大家都是"热血青年",都对实现青春价值有着极强的认同度,满腔热血只待点燃成为火炬。此时自习室恰恰能给大家提供联合点火的契机。那周周五一下课,我立刻联络了班委。隔着屏幕都能感觉到他们的激动。很快,理想在大家的齐心协力下化作现实。经过一次试运行后,周日晚,第一次自习直播开始了。

第一天,我记得很清楚,直播间号一公开,就有 15 位同学拥了进来。有的是自愿带头打开摄像头带领大家的班委,有的是进来感受气氛提升效率的学霸,也有不少来凑热闹的同学。考虑到摄像头对准脸，除了不好看，也有尴尬。我们一致同意让镜头从上往下拍，将自己的桌面分享给大家。在时段内登录直播间，总是能看到三张不同的桌面展示在最上方。写练习的、做数学卷的、进行课外阅读的……在镜头中，大家都变得有事可做了。对我而言，以往花一宿才能完成的作业两小时就能优质提交，省出来的时间，和大家一样，继续留在直播间里，让剩下的精力发挥余热。约定的直播时长是3小时，但往往到了结束的时刻，大半参与者还不选择离开，包括一开始打算凑热闹的同学。作为"主播"的我也不主动关闭。大家留在这里，真正享受和志同道合的伙伴一起学习的乐趣。当然，我会提醒大家注意休息，等人数只有四五位了，才最后结束当天的自习。

每天的"主播"也在班委间轮换，由他们负责预约直播室，并向大家公开房间号。一开始我担心排班表容易被忘记，但一天接着一天的直播过去，每天的房间号都准时地在群里公布了。担心是多余的，包括组织者在内，一场结束了，期待下一场。第一天来的同学全部成为后来的常客，之后也常有新面孔来到直播间。

有一天，一位每天都参加的同学问我："为什么不设一个常开的直播间？那样就不用按照时间表卡点来了。"我是这样回答的："约定好时间一起来，不好吗?"约定，在我们口中，是个很特殊的词。它不仅是一句诺言，更是一种执着，一种相约共同追寻理想、永不放弃的执着。正是这股力量，牵系着每一个人的心。在一个确定的时间点，你能在这里见到所有愿意与你一起前行的伙伴。正是这样的约定，让我坚信下一场直播，大家一定会来。常开直播间固然省事，但失去了这种约定，我不敢保证它会一直延续下去。

"加长版寒假"的日历就这样在每天与同学们约定的线上"聚会"中一页一页翻动着。我们在线上学习的同时，无时无刻不在关心着国家抗疫形势的变化。在最严峻的时刻，我们严格实行居家隔离，默默地在心中为武汉祈福，坚信所有医务工作者的付出与牺牲会带来曙光；见证了火神山医院的光速落成，我们心中也深深地感到自豪；到了5月份，上海本土病例大多已经出院，外来输入病例得到了有效控制，形势逐渐明朗起来……复课日期确定了，自习直播历经三个多月后，也在同学们的不舍中迎来尾声。

最后一次直播自习，并没有隆重的闭幕仪式。我们还是像平时那样，安静地进入自习室，打开摄像头，直播间里出现了承载大家三个多月奋斗历程的书桌。在同学们离开前，我在讨论区留了这样一句话："同学们，这是最后一次直播咯，明天开始，我们继续在学校并肩作战！"

合上电脑，近些日子跟大家一起自习的画面又在我脑海中一幕幕拂过，想起起初时我的那篇《青春的价值》。若问起"网课时代"最初的愿望如今实现了吗，答案必然是肯定的。我们同学少年在一起，通过小小一个直播间，汇合起加倍的力量，跨越艰难险阻，提升自己，不忘报效祖国的初心，在达成青春之志的现阶段使命的道路上鼎力前行。

2021 年 7 月将是中国共产党成立 100 周年的日子。百年光阴里，多少有志青年中流击水，留下了青春奋斗的身影。他们走在我们前方，是我们的领路人，指引我们正确且光明的前进方向。跟从他们的脚步，加入他们的队列，中国青年将会一浪接着一浪，持之以恒，代代相传地推动着时代的潮流。

直播自习已经结束，但我相信，同学们在这次特殊的学习经历中展现出来的奋发、顽强、坚持与自信，会伴随我们在人生道路上走向远方，随着青春之志走向一起，在不远的将来，绽放夺目耀眼的光彩。

上海市曹杨第二中学　傅浩然

笔者由自身对"青春的价值"这一命题的思考引入，叙述了他在"网课时代"组织班级同学创立自习直播室，以相互促进、提高学习效率，与同学们一齐努力、携手奋进的故事。其语言平实质朴，却在心理变化历程中诠释了青春的责任感与和同伴在疫情期间的"云端"患难与共的精神境界，颇具真情实感。笔者心系国家抗疫形势的变化，并与

疫情中一线人员一道英勇战"疫",充分运用青年人的主观能动性,与同伴们在学海中"并肩作战"。从中反映出的是其对家国情怀的体认和对艰苦奋斗的践行,反映出新中国青年人的历史使命感,而这种正向价值观是当代青年人都应该学习的。

指导教师:赵莉

党旗下的温暖

您是东方升起的朝霞,鲜红是您不尽的追求,金黄是您永远的新装。

您是全方位导航的灯塔,铁锤伴您做一路先锋,镰刀振起您高翔的翅膀。

火红的党旗,是您引领着我们一路向前,您照耀下的国土是我可爱的家乡。一阵一阵的风雨,一段段峥嵘的记忆;一心一意的奋斗,一腔热血的浇灌——神州因您而鸟语花香。

2020年,抗击新冠肺炎疫情的日子里,党中央成立应对疫情领导工作小组,发起一级响应,各级财政下达补助资金121.1亿元。在党的引领下,疫情防控没有"局外人",没有"分外事",党员干部更是"先行者"。一批批逆行医疗队、人民子弟兵驰援,政府工作人员"网格化"包保、"地毯式"排摸,企业加班连夜赶制医疗防护物资,群众自发捐款捐物……"岂曰无衣,与子同袍",这份"同袍"之情,蕴含着14亿中华儿女同心同向同行的初心和使命,这场共同战"疫",见证民心才是"刚性需求",你我共情、协作、偕行!

看着相关的报道,心中的暖意开始流淌。我的思绪回到2017年暑假——一场突如其来的大地震,让我真真切切地感受到了党的温暖。

记得那年夏天,当我来到位于四川的九寨沟时,为她的神奇和美丽而折服。九寨沟掩映在苍翠欲滴的浓荫之中。五色的海子和流水梳理着翠绿的树叶与水草,银帘般的瀑布抒发四季中最为恣意的激情。温柔的风吹拂经幡,吹拂树梢,吹拂我流水一样自由的心绪。

为了再一次领略九寨沟"树在水中生,水在林间流,人在画中游"的美,我们一行决定当天找个就近的酒店住下,第二天二次进沟。

晚上九点,我洗漱完毕,正躺在床上翻看照片。突然,床轻轻晃动起来,"哐!哐哐!"玻璃茶几上的物品相互撞击,发出清脆的声响。这是怎么了?还没等我回过神，一阵猛烈的天摇地动袭来，地板剧烈的震动使我心悸，天花板撕开一道裂缝，洒下面粉般的石灰。父亲冲进房间："地震了，快跑！"瞬间，我脑中一片空白，只记得父亲拉起我和母亲的手向楼梯跑。迷迷糊糊间，随着奔跑的人群，我们到达酒店外的空地，席地而坐。父母忙清点随身物品。"幸好计划明早退房，我已经理好行李。"母亲强挤出一丝笑，故作轻松："现在人没事，贵重物品都在，不愁回不了家！"

此时空地上沸腾了：孩子的啼哭声、寻找亲人的呼唤声、此起彼伏的争执声……一束束银白色的手电筒光束划破了漆黑的夜。随着时间流逝，人们终于平静下来。余震越来越少，室外的气温越来越低，天空中飘起了毛毛细雨。我们一家围坐在一起，彼此拥抱着取暖。寒冷的夜、无助的夜，什么时候才能回家？什么时候才能脱险？我的心因恐惧而冰凉。

一阵风过，似乎听到汽车的声响。远处，数个红点正快速向我们移动。待凑近些，借着车灯的光，我才看清了那红点——是一面面党旗与国旗在满载解放军的车顶上飘扬。车停，解放军战士们纷纷跳下车厢，奔跑忙碌起来：他们搭起一顶顶应急帐篷，他们冲进危房抬出伤员，他们捧出被子分发给人们御寒……

"小姑娘，你还好吗？"一位解放军战士向我走来。他的黑眼圈极深，军装上的党徽却照亮了他的脸，更照亮了黑夜。

"我、我没事……"

"好。外面风大，你们快进帐篷吧！"他搀扶起我。望向前方，白色的帐篷正在风雨中挺立着。不知何时，帐篷顶上升起了一面国旗，它迎风招展，给人们温暖，更支撑着人们的希望。

"时间紧迫……小姑娘，我先走了！"他黑色的眼睛愈发忧郁。

"您还有什么事要做吗？"我好奇道。

"要赶去疏通堰塞湖！七级地震突发，如果不疏通河道，下面的小村庄就有被淹没的危险。"他的神情变得焦急，"还要去疏通公路上的积石，好让你们早日平安回家。"

说罢,那位党员哥哥再次乘上卡车向远方进发。党旗在车顶随风飘扬。红色的旗越来越小,变为初来时的几个红点,渐渐消失在我的视野……

灾难面前,我们都是脆弱无助的孩子;但鲜红色的党旗不仅带来了抗灾救民的解放军战士,更带来了关怀与希望——它照亮每一个黑夜,每一张脸庞。当党旗出现的时候,我的眼中燃起希望的光芒;当党旗出现的时候,感动已使我热泪盈眶;当党旗出现的时候,温暖打败了灾难与寒霜……

从《义勇军进行曲》到《东方红》,从《春天的故事》到《走进新时代》,百年的风雨历程,百年的辉煌历史,在每一个关键时刻,在每一次重大关头,都是您——我们伟大的中国共产党,把握历史大势、顺应时代潮流,团结人民、带领人民,不断开创革命和建设事业的新局面,建立了彪炳千秋的历史伟绩。您是鲜明的旗帜,指引万千战士披荆斩棘、顽强搏斗;您是力量的象征,激励中华儿女乘风破浪、奋勇前进!

一把镰刀,收获国家富强,收获人民安康;一把铁锤,打造钢铁国防,打造幸福小康。百年建党节,赞歌响,红旗升,中华民族神威扬!

上海市大同中学　张景淇

作文贵在真实。生活在城里的孩子尽管处处沐浴着党的光辉,但直接的感受却是很少的。电视里的那些感人事件和自己隔着一层玻璃屏幕。作者以切身经历来表现我们中国共产党一心为民、为百姓排忧解难的伟大特质。一次旅途的偶然事件,使作者能够切身感受到党和人民政府、人民军队在群众遭遇危难时及时施以援手的深情。它就像一根火柴,瞬间照亮了那些电视上报纸上的新闻,使作者对党的伟大有了具体而深沉的认知。于是,文章开头

的讴歌,末尾的升华,都因此连接成为一体。若是失去这一具体的事件,文章就会显得空洞、割裂。此文构思的巧妙在于以小见大。

指导教师:宋士广

母亲与诗意

我从祖国母亲宽阔坚实的胸膛中诞生,血脉里流动着长江黄河的滚滚波涛;我每晚在她的怀抱中入梦,耳边是她的细语——朗读一篇篇诗歌或文章的温柔絮语。

母亲是我见过最有才气的文学家。

我听她一开始读诗,从她写得满满当当的回忆里选出的最璀璨的几首为我朗诵;从夏商用于为祈祷国家强盛的祭祀中的神秘歌谣开始,一字一句,母亲沿着她走过的路为我诵读。于是我从先秦《诗经》中"有人斯有群矣,有群斯有患矣"的古韵中感受那一份家国情怀的柔软与动人;于是瞧见盛唐的繁荣昌盛,听见风雨飘摇的晚唐中杜甫"国破山河在,城春草木深"的悲歌;于是窥见宋代金戈铁马一生的辛弃疾只能看国家破灭的悲壮中字字泣血的壮心。我枕在母亲的臂弯里,听着她将那些让我自豪的悠长历史一一道来,那一首首诗将我不断拖拽进一幅幅古画里,我以诗为马,踏过千余年的历史。

她的声音蓦然颤抖了起来,夹杂着激动与愤慨。那是母亲旧疤疼痛的记忆。"须知国破家无寄,岂有舟沉橹独浮。"震得我耳廓发烫。她开始给我讲历史,讲近代那一段段屈辱的历史。以鸦片战争为开端留下的累累伤疤呈现在我眼前。但母亲怀中总有站起身来呐喊反抗的、带着一腔热血与热爱祖国之心的孩子们。他们的心,正如他们胸膛的血一样炽热,在她伤痕累累的胸膛上闪耀着光辉——那是中国共产党的光辉。母亲的声音高昂了起来。因为她的孩子们是点亮火把照亮暗夜的勇士:他们在中华民族最危险的时候发出怒吼,用鲜血英魂铺就历史上中国人民站起来的长征路。那是"更喜岷山千里雪,三军过后尽开颜"的豪情。他们一路走着,走过几十载春秋。他们的力量滋养着母亲,将她流血的伤口愈合,让母亲颤巍巍地将红旗高高举起;让她被压弯的脊梁再次挺直;让她从此屹立于东方。

母亲的声音渐渐趋于平和,但又带着不可忽视的激昂与希望。她说:几千年漫漫征程,几百代风云变幻,我曾走过绿茵花溪,也踏过枯骨万里。一个世纪的近代伤痛,刻满血与泪的烙印、遍布红色的探索足迹。从建党立下奋斗目标,到如今天下太平的稳步前进,这是第一个即将圆满完成重任的 100 年。她的儿女们立下愚公志,咬定青山不放松,坚持实现立下的目标。从一穷二白到繁荣昌盛,她的儿女经过 70 年的上下求索,在挫折中迎来新生,如神话中涅槃的凤凰张开羽翼,展翅飞翔。母亲最近的声音略带沙哑——那是在无数中华儿女与新冠肺炎疫情抗争时的疲倦。她仍在写诗、念诗:写那些逆行者、共产党和无数无名英雄;唱那些无论面临何种苦难中华儿女始终蓬勃向上的勇气与斗争精神。

"忆往昔峥嵘岁月稠。恰同学少年,风华正茂;书生意气,挥斥方遒。"这是母亲给予我的诗意与热血。她将千年的浪漫与赤子之心传授于我,让我成长在家国情怀的激昂与温柔中。我亦就此提起笔,将青春的力量赋予文字,让红色的基因浸染文字,让如今的光芒照耀文字。

"为什么我眼里常含泪水?因为我对这土地爱得深沉。"百年的崎岖长路,七十余年的春华秋实。中国曾经历被侵略与战乱、困苦与血泪。无数中华儿女同心同德,以青春汗水写下新时代的诗篇。在中国共产党的意志和中华民族的意志面前,无论是疾病还是苦难,一切终被战胜。无论历经多少磨难,总有青春的躯体里流淌着诗意和热血;总有希望的星火燃烧在黄河长江孕育的血脉里;总有向上的力量让祖国母亲依旧能披荆斩棘,砥砺前行。

上海市敬业中学　悦可欣

文章以"母亲诵诗"为开篇,诗词由古至今、由远及近,仿佛让读者穿梭在历史时空的长河之中,使读者切身感悟到中国共产党带领中国人民站起来的艰难奋斗史。诗词诵读中,还以母亲的声音起伏作为其情绪波动的真实写

照,这也是叙事阐述的巧用手法。整篇文章,还有一个深层的伏笔,那就是将"中国共产党"化身为"母亲"一角,历史车轮滚滚向前,先进的中国共产党应运而生,她带领中国走过几十年的风风雨雨,领导我们越过坷坷坎坎。没有共产党就没有新中国!没有共产党,就没有人民当家作主!没有共产党,就没有我们的幸福生活!

指导教师:陆俊杰

千里快哉风

我时常入梦。

自泰山之巅一坠而落,倏然化作一片树叶,在狂风中颤栗、翻飞,再急速掠入时间洪流。我是风中旅者。

一梦,溯回百年。

✳ 狂风

我全身裹挟着滚烫的泥沙,栖息在游船的桅杆,波光粼粼的湖内,有鱼群与我隔空对望。

此时,船舱传来细微声响。我透过窗棂,望见围坐桌前的人们,他们神色肃穆,目光灼亮坚定。百年前,这些意气风发的青年躲过法租界官员的重重巡捕,急中生智选择在游船上进行会谈。红船精神在这里孕育。

1921 年 7 月,中国共产党成立。

从此,中国革命有了坚强的领导力量与正确的前进方向。这是一个开天辟地的大变革,工人阶级的星星之火率先从石库门出发、在红船燃亮,且,注定燎原。

此时,狂风席卷而来,咆哮着将我掀翻,几近扯裂我的身躯。又一阵阵炮响撕碎晴空,漫天火焰伴随着黑灰飞扬,战士前仆后继奋勇杀敌,视死如归。而我,该何以言说这一幕直击灵魂的震撼?

没有人生而无畏,亦无人不知生命之珍贵。然而,一旦到了国家生死存亡关头,却总有人誓死守卫疆土。正是这份无上的家国情怀,才令人甘于流尽鲜血,无所畏惧。

我在狂风中盘旋,无数场景在面前飞掠:国内革命战争、红军长征、抗日战争、解放战争……终于,我飘落在天安门下。

1949年10月1日,中华人民共和国成立。

五星红旗招展,狂风中肆意舞动,婉若游龙翔翔。拥有五千年历史的文明古国,终于冲破帝国主义国家施加的牢笼枷锁,以崭新的姿态涅槃重生。

那长达109年的漫漫长夜啊,终于被画上句点。

后来的道路绝非一帆风顺,而是风波迭起,却从未有一次磨难将中国打垮,而是越挫越勇,在风雨中挺立。恍然间,我看见中华民族坚毅不屈的灵魂,如此顽强,足以令列强无可奈何。

这正是我至爱的祖国!五千年华夏文明,永远光辉灿烂。

快哉,此风!

✳ 和风

狂风逐渐止息,和风吹彻。我乘着风儿,飘进繁荣的今朝。中国特色社会主义已进入新时代。中华民族伟大复兴的前景一片光明:道路、理论、制度、文化不断发展,且正在逐步走向现代化;各民族相互交融、依存、影响,形成多元一体的格局。虽然路途仍旧充满险阻,但一切都在欣欣向荣。

2020年,新冠肺炎疫情暴发。

我打个旋儿,落在小区门口的伞棚下。面前站着一位身着棉袄、戴着口罩的妇女,正忙碌地整理着桌上的防疫海报与宣传单。

此时,一位老人径直走向大门,正要刷卡,却被妇女叫住:"老大爷,您需要先测个体温。"

红外线体温计发出脆响一声:体温正常。

"您还需要在这张表格里登记一下……"见老人迷惑的神色,她开始耐心解释流程,随后,又状似不大放心地叮嘱几句:"出门一定要戴口罩啊,勤洗手——对了,您平时会去买菜吗?"

许是谈及日常生活,原本有些沉默的老人变得健谈起来,他说什么蔬菜又涨价啦,什么样的猪肉最鲜美……妇女一边帮他填表格,一边侧耳倾听,偶尔应和两句。

我望着她与老人挥手告别,料峭春寒里,捕捉到一丝暖。

我知道,她是一名社区志愿者,自封城以来,就一直坚守岗位,负责宣传防疫知识、登记进出人员等事务。

不仅仅是她。

还有同她一样的,无数默默奉献的人们,或身着厚重的白大褂,或站在满是沙砾的工地上,抑或是千万人家的身影……他们演绎着人间悲欢喜乐,擎起一盏盏暖灯。那是生生不息的希望啊,是攻破一切困境的决心啊。

轻巧的树叶穿梭过街弄里巷、连绵山河。和风中,我看见中华民族的人性光辉——无关功利与名望,浑然天成。纵使世上的恶意注定存在,但人性中的善仍旧温暖且强大。而我坚信,中华民族的灵魂是向善的。

快哉,此风!

树叶终于回归树梢,而我一梦初醒,唇角含笑。我清楚地意识到,虽然现在正处于和平与发展的年代,但国际形势仍旧危险紧张,而中华民族伟大复兴绝非"敲锣打鼓"就能实现的。如今,建党 100 年的奋斗目标——全面建成小康社会,即将达成;而新中国成立 100 年的奋斗目标——建成富强、民主、文明、和谐的社会主义现代化国家这一重大使命,已经落于我们新时代青年的肩头。毛主席有诗云:"恰同学少年,风华正茂,书生意气,挥斥方遒。"我们将继续坚定不移、砥砺前行,并继承先辈们谱写的伟大篇章,以最昂扬的斗志迎接属于我们的挑战!

上海市控江中学　袁晨逸

　　袁晨逸同学的这篇《千里快哉风》构思巧妙,情感真挚,实为佳作。在文中,作者化身一片树叶,以"狂风""和风"两个篇章回顾我党辉煌的百年历程,以"快哉,此风"串联全文,抒发情感。在这片"树叶"的视野中,既有聚焦于我党创立者青春激情和普通社区志愿者质朴温情的特写,又有展现中华民族坚毅不屈的灵魂和新时代默默奉献者的群像描写。这样的文字让人有身临其境之感,更使人为洋溢于字里行间的热情所感动。我读到了作者对顽强坚毅的民族精神和温暖强大的人性光辉的赞美,更读到了年轻学子的书生意气和使命担当。为这样的青年点赞!

　　　　　　　　　　　　　　　　指导教师:汪巾杰

武汉的夜,陆家嘴的灯

这是一个不眠之夜,我站在外滩墙边,对面的陆家嘴灯光璀璨,绚丽夺目,美得令人心醉!

"起来,不愿做奴隶的人们……"美轮美奂的背景下,嘹亮有力的歌声吸引了我。青春洋溢的男孩女孩们,身着火红衣裳,排着整齐队伍,摆出爱心,正同唱国歌。无论是长发的、短发的,都仰望着五星红旗,精神饱满,神情专注。飘扬的旗帜,奔放的激情,迅速感染了我。"中华民族到了最危险的时候……"我不由跟着小声哼唱,眼睛渐渐湿润起来。朦胧的泪光中,眼前仿佛浮现出另一幅场景……

普通的小区,安安静静,没有一个行人,孤零零的路灯散发着清冷的光。道路两旁整齐停放着的车辆、窗口影影绰绰的灯光显示着这里曾是一个热闹的街区。镜头转向最明亮的那扇窗户,鲜红的旗帜下,身着防护服的工作人员有的正忙碌地搬运物资,有的正聚精会神核对资料。也不知道是谁起的头,嘹亮的歌声渐渐响起,"起来,不愿做奴隶的人们……"越来越多的人家亮起了灯,越来越多的声音加了进来,高的、低的、浑厚的、尖细的、沧桑的、稚嫩的,声音越来越响亮,精神越来越饱满。那一刻,没有人在意他们唱得是否好听,音色是否悦耳。那声音饱含着对祖国的信任,对未来的向往。那是一家家人相继报平安的声音,满怀希望,令人安心。

这是1月23日晚间从我的老师手机里看到的一段视频。2020年春节前夕,一场突如其来的疫情打乱了人们生活的脚步。1月23日上午10点,武汉封城。我的老师是武汉人,因为封城没能返家,同学们相约去看望她。大家正不知如何安慰老师时,她的家里人发来了这段视频。我们传看着视频,客厅里静悄悄的,没有一个人说话,却都红了眼眶。

那个晚上，歌声在我的脑海里挥之不去。我想起了那面鲜红的国旗，想起了武汉机场彻夜不眠的灯光，想起了高速公路上络绎不绝运送物资的车辆，想起了金银潭医院里忙碌不停的身影，想起了默默打包行李准备随时支援的医护人员。是的，武汉的夜，很美。正是党的坚强领导，全国人民对这座城市最坚定的支持和守护，让这座城市的夜色美得安宁温馨，美得充满希望！

76 天，1 814 个小时，全国感染人数归零，武汉解封；今天，上海也迎来了特殊的节日——浦东开发开放 30 周年。

今天，我站在外滩墙边，眺望陆家嘴。对面，灯火通明，流光溢彩，高楼大厦鳞次栉比，巨大的显示屏上闪烁变幻着各种图案和文字，时而热烈奔放，时而静谧安详。今天的陆家嘴，灯光璀璨，很美！美得绚烂多彩，美得充满希望！

30 年前，党中央作出开发开放浦东的重大决策，浦东成为改革开放的排头兵。30 年来，一场一场科技大赛在这里举行，无数科技创新在这里实现。这里，诞生了中国第一个金融贸易区、第一个保税区、第一个自由贸易试验区；这里，落地了第一家外商独资贸易公司、第一家外资银行、第一家外商独资医院。我眺望着灯光下不断变幻的"I ♡ Shanghai"，是呀，正是有了党的坚强领导，才让浦东从昔日默默无闻的乡村变成了今天摩肩接踵的国际金融、文化中心。

悠扬的钟声划过天际，仿佛连接历史和未来。时光如水，2020 年不经意间就从指缝里溜过。回望 2020，这个注定不凡的年份，武汉封城，四顾陆家嘴变迁，看似并不相关，但无论是武汉夜里安静的守护，还是陆家嘴灯光中积极的进取，都展示着党领导的万千中国人战胜一切困难，破浪前行的努力与奋斗，这也是前行道路上最触动人心的力量。是的，武汉的夜，很美，美在坚持和守护；陆家嘴的灯，很美，美在包容和创新。

站在外滩墙边，看着白发的、黑发的、金发的，黄皮肤、黑皮肤、白皮肤的人们从激情歌唱的大学生身边走过，驻足，注目，跟随他们一起歌唱，我的胸中满满的都是感动。无论眼前年华似锦的大学生们，还是同样青春飞扬的我，生长在这个最美好时代的我们这一代年轻人，传承了"艰苦奋斗，无私奉献"的精神，承担着"实现中国梦，走向新时代"的责任与使命。我坚信，在党的坚强领导下，未来的夜一定会更美好,未来的灯光一定会更璀璨!

上海市控江中学　林昱含

　　林昱含同学的文章构思巧妙,情感充沛。作者立足于外滩,由陆家嘴夜晚的灯火辉煌,联想到疫情时期武汉夜晚的冷落与忙碌,由大学生嘹亮的国歌声联想到武汉小区居民同样的歌声,再联想到浦东 30 年的发展变化⋯⋯这一组组画面巧妙地以“夜和灯”将武汉抗疫与上海浦东发展串联在一起,并指出武汉的夜“美在坚持和守护”,陆家嘴的灯则“美在包容和创新”,而这背后就是党领导的亿万中国人的努力与奋斗,这是“最触动人心的力量”,青春飞扬的年轻人更应承其使命,担起责任! 作者想象丰富,文字饱含激情,富有感染力。

指导教师:李莉莉

半边赤诚实动听

只有一颗赤诚之心,半边给小家,剩下半边,给大家。

——题记

2020 年的春天,一场突如其来的疫情席卷中国,初期,心惶恐而人失措。

我在福建的老家得知这个新闻。容不得我担心多久,各地很快发出不要离开所在地的要求。各省医疗队在短时间内迅速赶往武汉,这份从容和勇敢,让人感觉自己的担心多余了。

整日待在村里,一颗心不禁焦躁而蠢蠢欲动,恰巧奶奶正要出门散步,于是伴着她同去,同时不忘用口罩捂去了大半张脸。

天已经差不多黑透了,村口没有路灯,暗得像一泓未知的池水。于是我努力瞪大眼睛,环顾着互相离得很远的村民。忽然望见一道白影,定睛,似乎是一只白色的猫儿。黑得像纱网一样的天空下,猫儿走路的姿态有几分奇怪,一瘸一跛慢吞吞地像在蠕动。细看——原是少了一条前肢。它的眼睛黑得很深,直直盯着前方,不知要去哪里。

我们经过这只残疾的猫儿,继续向前走。走了一段路,已经没有人,却惊喜地发现一条新马路,很静,但是路灯却十分整齐地亮着,将黑夜烫出了一片光华,犹如白昼。于是从黑暗踏入光明,近旁有群山,山的胸脯起伏涌动,河流在很远的地方流淌。我不禁摘下口罩,吮着乡村特有的清新的泥土气息。忽然想要高声埋怨这生病的国度,想要对着空旷的远方大喊,像鸟儿挣脱牢笼。

躁动地折返回去,抓着口罩的一角欣喜地奔跑,却在明暗交界处停下了脚步,低头——黑暗中冒出一个影子,静静地在明亮的起始处卧下了身子,直直望着远方。它白色的毛发有些许肮脏,但是一丝不乱。我微躬身逗它,它静了一会儿,扭头,视线似乎望向了我,但又越过了我,一动不动地望着原来的方向。我心头一颤。

到家收看疫情播报的新闻,呆呆地望,心下本有些积怨,却一扫而空。只见忙碌的医生只露出一双眼睛,越过摄像头,视线似乎望向了我,但又越过了我,回到工作上。我心头一颤。

忽而回到刚才——那猫儿深邃的眼睛里涌动着不明的坚毅,哦,还有平淡。那医生的眼里,是波澜不惊的淡定,还有坚定。顺着那猫儿的视线,远处,烟火从黑暗的地平线上喷薄而出,绽开在天空里,就像猫儿从黑暗踏入光明。我立着,忽而戴上口罩,走入黑暗。我望着奶奶:"它在看烟火,是吗?"

残疾的猫儿,正经受考验的中国,那两道目光,直直地穿透了黑暗,射进我的心里。忽而开朗,中国也会蹒跚但又坚定地迈出黑暗!

"一切都会好起来的,是吗?"

回神,转头,电视里依旧在实况转播着消息,沙发前家人的眼睛从未离开——家事,国事,天下事,事事入得了眼,也入得了心。爷爷忽然起身,对着电视屏幕缓缓举起右手,行了一个标准的军礼——1968年,他曾入伍当铁道兵,是家里人,也是国家人。没有人说话,叔叔紧接着站了起来,这个也曾参军当兵的村里唯一一个共产党员此刻神情庄重。

这两个国家的兵!这两颗炽热的心!两颗心,各分出半边赤诚——对国与党的赤诚,连成一曲完整而动听的乐曲,一幅动人而美丽的图画!我摸了摸自疫情以来一直戴着的共青团团徽,同样对着荧屏行注目礼,不管电视里的一线战士是否能看见。

托·斯莱特曾说:真正的爱国,是不分党派的。纵使于国来说,每个人都很渺小,我们也曾抱怨,也曾焦急,但是砥砺前行中,风霜洗礼后,没有人会动摇一分对国、对党的情感。这份情感,不一定轰轰烈烈,但是一定晶莹剔透。始终坚信,因为人民足够勇敢;始终坚信,因为民族足够团结;始终坚信,因为党足够清明;始终坚信,因为国家足够强大!

夜渐渐一分一毫不动声色地深了,黇鹿一样温顺的晚风像昨日和前日那般地吹来,还有无数半边赤诚的心在晚风里一起涌动,从未停歇。这一涌,便快要至百年。

上海市松江第二中学　李诗雨

　　本文小作者的构思精巧,用题记点题并揭示主旨。行文通过"我"的视角展示"我"在新冠肺炎疫情下的所见所感,表达了对祖国一定会战胜疫情的坚定信心,浓浓的爱党爱国之情洋溢在字里行间。"猫"的道具设计独特,用心地表达出对祖国迈出"黑暗"的坚定信念。文笔优美,引用贴切。语言运用要么铿锵新颖,如"将黑夜烫出了一片精华"中的"烫";要么整饬有力,如倒数第二段"始终坚信"整句的运用。结尾段短小精悍,平和的宁静中暗流涌动,在扣题的基础上收到余韵悠长的艺术效果。

指导教师:钟霞

道不尽万千恩情，当把奋斗作目标

> 百年时光，弹指一瞬，在百年前的南湖小船上成立的政党——中国共产党即将迎来她的百年诞辰。沐浴在党和祖国的关爱与帮助下，我写下本文以表内心的感激之情。
>
> ——题记

我是一名内高班在读学生，16年前，我出生在祖国的西北边陲，和许许多多的边疆儿女一样，我成长在祖国和党的浓浓关怀之中。

六七年前，那个曾经只会哭泣的婴儿已是稚嫩儿童。初上小学，我就得到了来自祖国和党的帮助。九年义务教育制度之下，远在西北边陲的我们还享受到了更多的补贴资助，比如教材、校服，相应减轻了不少家庭的负担。"对口援疆"政策的落实让处在较为落后地区的我们得到了来自内地同胞的帮助，窗明几净的教室多了大屏幕投影仪，还有内地援疆的孜孜不倦的老师们……在党的好政策下我们也享受到了更为先进的教育资源。教育帮扶之外，还有小区廉租房、工业园区的建设以及各种扶贫项目的开展。我所生活的县城旁，拔地而起的工业园区，为很多文化程度不高的青壮年提供了就业岗位，增加了他们的家庭收入。

春去秋来，转眼已成少年郎。年少的我渴望知识，对世界也充满好奇，小学时的勤奋努力，让我有机会从全国最贫困的南疆小镇——和田，考上内初班，去往经济发展水平较高的北疆——克拉玛依学习。12岁便离家求学，当时身高才142厘米的我心中自然满是惶恐。小鸟的羽翼尚未丰满，她既好奇父母翅膀外的世界，可又害怕未知的风雨，尽管雏鹰总该学会飞翔，也总会在风雨中练就更硬的翅膀。但是有您——祖国和党，我心中的担忧恐惧就少了几分。因为党和祖国不仅为我们提供了更好的学习机会，更细心地考虑我们的困难与不便，给予我们最有效的帮助。如水房按时供应的热水，初进宿舍时床上整齐叠好的崭新被褥，还有初中三年的伙食费、往返车费……党和国家都一概承担。

还记得初一那年，我第一次离家也不会照顾自己，第二学期刚开始便因大叶性肺炎住进了医院，我吓坏了，医院那森森的白墙更是让我心慌不已。人生中第一次被通知住院，父母不在身边，周围大人们都满脸严肃和担忧，父亲虽已匆忙赶来，可一路周转仍要不少时间。这都让我更加恐惧。在那段本以为会无人陪伴的日子里，学校内初班负责老师专门请了一位阿姨来照顾我、安慰我。亲人不在身边的住院生活，虽然只有短短一天半的时间，但自党和政府传递来的关爱却显得格外温馨动人，那种被记挂在心头的感觉真实而深刻地印在了我年少的心中。时至今日，我仍记得那份感动。

在念书时，我也时常幻想首都北京的庄严巍峨，魔都上海的高楼林立，中原河南的悠久历史，深圳广州的南国之美……世界那么大，我想去看看。而党和祖国，为我们全疆学子铸造了一座通往梦想的桥梁——内高班。因为这座桥梁，今天的我才可以来到上海，可以接近祖国联通世界的窗口，可以感受到不同于西北的青山绿水，可以接受更为优质的教育，还可以在新的城市结交新的朋友，这都是因为党和祖国提供的好政策呀！

一批批西北儿女，还未成年，来到内地无疑是不安的。党和祖国很细心地考虑到这点，在送一个个学子求学的途中，也为我们请来了新疆老师的陪伴。从表面来看，也许不过是几位内派老师罢了，但于我们而言，内派老师是家乡来的亲人，更是祖国和党的体贴与关爱啊。

高一下半学期的一天晚上，我的牙疼"旧病复发"，当时正是疫情的高发期，去医院成了件麻烦事，本想着再忍忍说不定它过两天就好了，但半边肿起的脸很快引起了内派老师的注意，随后在内派老师的协调安排下我及时就医，治好了牙疼。医生说如果当时我没有及时去医院，牙龈发炎甚至可能引起发烧。如果不是有内派老师在，我定是要遭不少罪啊。

还有一年多，我们即将成年了。可是在党和祖国眼里，我们仿佛永远是长不大的孩子，每月都有牛奶、酸奶、水果等补给，在特殊节假日还会给我们发小零食。求学在外,父母不在身边,但是祖国和党那细致入微的呵护时时温暖着我们,即便看到本部同学每周末有爸爸妈妈接送,也不会太难受,因为党和政府的关怀无微不至,无所不在。

2020年新春一场新冠肺炎疫情,让所有人措手不及,党和国家果断作出正确决断,花费大量人力物力和财力来保障民众的生命财产安全。全国上下在党的领导下,协同一心抗击新冠肺炎。作为世界人口第一大国,中国却能在最短最快的时间里阻止疫情的大规模扩散,党的行动力和号召力,让我们每一个人都无比骄傲自豪。

7月,内高班学生们终于可以返乡回家了,却不幸赶上了新疆疫情的小规模暴发。刚下火车的我甚至来不及见父母一面便被送往隔离点开始隔离。在两个月时间里我见证了新疆疫情的暴发以及回落。在这个过程中我曾为新闻上激增的患者数而紧张焦虑,但也为全国各地人民的鼓励支援而温暖感动。新疆是祖国的"穷孩子",医疗条件自然比不过内地。但危急关头全国民众团结一心,各地医疗队千里支援,很快就打赢了这一场局部疫情阻击战。在隔离点每天都有防疫站的工作人员送来三餐,对隔离点里的小孩子也会不时送上小惊喜——或是零食包或是小玩具。在隔离点的群聊中,曾有一张工作人员身穿厚重防护服分装食物的照片让我泪目,那些陌生人士留给我们的熟悉背影,不正是我们必能战胜疫情的信心来源吗?

都说2020年是不平凡的一年,我也这么认为。这一年疫情当头,世界各国反应不一。正是有伟大中国共产党的领导,才有了中国的团结与力量,成功化险为夷,也让无数学子心中燃起深深的报国之情,而我从小受益于党和国家的好政策,胸中那股"我骄傲,我是中国人"的爱国之情,更是难以言表。

道不尽万千恩情,当把奋斗做阶梯。从新疆来到上海,在学习上我也发现自己和内地的同学们有不小的差距,高一时也曾迷茫,也曾受挫,也曾想过放弃,但每每思及我来内地求学的初心,每每想到我们万千新疆学子远赴内地,其中有多少人在为我们操心,我便振作起来。多少次挑灯夜读,多少个清晨早起,高一一年我一直严格要求自己,我知道我的付出一定会有回报。果然,从过去跟不上老师上课节奏到如今变得学习游刃有余，能和本部的同学一起讨论数学、交流语文……这一过程让我深深明白，只有实干奋斗才能成就未来与梦想，也再次明确自己当下任务：踏实认真地学习，一步一个脚印地成长为对国家对社会有贡献的人才，报答祖国的恩情。

2021 年即将到来，中国共产党也即将迎来她的百年诞辰。我们青年学生更应该坚定信心，奋发图强，努力做一名听党话跟党走的新时代新青年，为中华民族伟大复兴的中国梦贡献自己的一分力量。道不尽万千恩情，当把实干付以行！

上海市位育中学　杨桂毅

读此文，不禁想起老舍先生在《想北平》里所写："我所爱的北平不是枝枝节节的一些什么，而是整个儿与我的心灵相黏合的一段历史，一大块地方……每一细小的事件中有个我，我的每一思念中有个北平。"同样的，小作者见证了党和政府对新疆建设的一些重要举措和新疆的发展进步，她的每一次回眸和思念中都有党，她所爱的也不是共产党的什么"枝枝节节"，不是模糊的套话空话，而是整个儿与她的心灵相黏合的一段历史。从和田到克拉玛依，从克拉玛依到上海，在异地生活学习，她在感动中前进，在感悟中成长，在感恩中奋进！小作者娓娓道来，情真意切，令人动容！相信在不久的未来，会有更多志高情长的青年加入光荣的党组织，继续传承这份跨越百年的爱与力量！

指导教师：张蕾

我　们

　　在中秋节的黄昏之时,我放学回家。未进家门,一阵阵清脆的哨声随着风流出,在空气中漾出了波纹。我正疑惑着,进了家门,却见是奶奶两指夹着一片细长的绿色,微眯着眼,慢慢地吹奏着。嫩绿色的旋律在奶奶唇边缓缓地、缓缓地流淌,也流到了桌上的那几张发黄的稿纸上,稿纸的抬头是"青海省第二钢铁生产厂"……

✳ 发黄的稿纸

1969 年 10 月 1 号 国庆节 晴

　　今天是国庆节,钢铁厂放假,终于能有时间回老家了,欢喜极了。爹和娘看到我手上硬硬的茧子,都流泪了。我也只是转过身去,不再多言。怎么办呢? 三年困难时期虽已过去,但家里本来不多的钱用起来还是紧张。离 15 号还有 15 天,老父老母都盼着我汇钱回家,家里已经连去买点猪肉改善一下伙食都不敢了。但好在父母身子骨还算硬朗。

　　晚上吃饭的时候,爹随手折了一片柳叶,慢慢地吹起了《打靶归来》,我也折下一片和着他,悠悠荡荡的乐声在晚风中飘荡,慢慢散落在没有什么花样的馍馍和贫瘠的黄沙上,偶尔还有些不稳和颤抖。我抱着轻快的心情吹奏着,却又要掉下眼泪了。

　　今天是国庆节,也是祖国的 20 岁生日,希望祖国和我们家都能越来越好。就先写到这里罢,忽闪忽闪的老电灯也提醒我该睡了……

1970 年 9 月 15 日 中秋节 阴

今天心情很糟糕,中午在厂里闲着没事,吹了几声柳哨,好巧不巧,被厂长瞧见了。他斜着眼睛盯着我,还跟旁边人嘲讽说"乡下人玩的土玩意儿"。气死我了,哪有这样瞧不起别人的。再怎么说,只要好听的,我就喜欢,我就想做。也没别人能说说心里话,怕又要被嘲笑,只好写在这里,聊以自慰。这是伤心原因之一。

中秋节,仍没能跟父母团聚,要是赶回家,今天的工资就不保了,这是伤心原因之二。最近查得严,土戏台也没来几次,这是伤心原因之三。多想跟爹娘在一起,自由自在地吹柳哨啊。

我放下稿纸,不打扰奶奶。转身,看见爸爸拿着一个落满灰尘的带锁铁皮盒。钥匙已经不见,还好锁已经锈蚀得不成样子,用工具轻轻一拧便断开。打开铁皮盒,一本带着 20 世纪典型风格的花皮本子静悄悄躺在里面。用蓝色墨水写的"日记本"三个字,飘飘然待在封皮上,淡得好似下一秒就要跟灰尘一起被拂落。在征得父亲的同意后,我慢慢地翻开这花哨的日记本,仿佛有淡淡的钢琴声从指边流出……

✳ 铁盒子里的日记本

1997 年 7 月 1 号 多云

今天太激动了,香港终于回到了我们祖国的怀抱,今天学校的庆祝晚会上,我拿着自己的卡西欧电子琴,跟几个好哥们一起弹唱了《东方之珠》。这也是我们送给祖国的一份小小心意。一开始学电子琴的时候,自己觉得累,亲戚和同学也说这没用,只有妈妈强迫着我,逼着我慢慢爱上了这门乐器。也不知道当初为什么妈有这么大的执念和决心。

现在才真正地喜欢上了这个看似枯燥无味的乐器,尽管同学们仍在讽刺我,亲戚们还是不理解。但是我已经开始慢慢学会欣赏这门——要用一个很高级的词——艺术。

这几年,附近学习乐器的人也越来越多了,那天我还听到小区的某个角落传来长笛的声音。明儿还要去大剧场看音乐剧,盼了很久,终于来了。

1999 年 7 月 22 号 大雨

刚刚上火车,外面大雨倾盆。我让妈和爸不要送了,免得自己又忍不住流几滴泪。手上薄薄的车票,却承载了我满满的期望。上海——一个陌生的地方,就凭着我自己能生存下来吗? 就我这西北口音,能被当地人接纳吗? 我真的能像许巍唱的那样"仗剑走天涯"吗? 只有雨声能回答我。

1999 年 7 月 24 日 晴

火车要到站了。现在,在我面前的就是我要面对的新生活了。真正的,要离开大学,进入社会了。这两天我想了很多很多,不顾所有的质疑,往前冲就是了! 我堂堂一男子汉,有什么好畏惧的! 别人排挤又怎样! 艰难生存又怎样! 穷得叮当响又怎样!

我合上花花绿绿的封面,悠扬的钢琴声也停了,父亲仍想着他的往事,我便悄悄退出。奶奶的柳哨也停了,我却又沉浸在了自己的回忆中,类似的话,我好像也写过。

🌟 新浪微博

2015 年 1 月 10 日 冷死了

唉! 大提琴老师出国了,不过还好,能用视频跟我上课。不然等他回来又要被骂了。最近放假了,跟妈妈去听音乐会,虽然很好听,但晚上还是忍不住有点困。希望妈妈不要骂我。

2020 年 4 月 13 日 暖和

最近学校因为疫情放假,还好有网课,不然进度可要落下一大截了。社团招新也暂停了,但是一定要继续参加学校乐队,有几个人一起拉琴,岂不美哉!

这几年综招很热门,看来对我们来说,全面发展是必须的了,可不能把练琴放下。今晚去听音乐会,肯定很精彩,最近去听音乐会的人越来越多了。刚开始学琴的时候一场音乐会就一百来个人,现在可不一样了,这几年爱好音乐的人越来越多了啊。

晚上,月色渐明。我关上手机。柳哨声、电子琴声、提琴声三者却在我的脑中盘桓,逐渐融合在一起,分不真切了。

三种乐声,三段回忆,三种经历,折射出的,是你发展的每一个脚印。你已经走过 100 年岁月,带领中国人民克服千万次挑战。因为我们,因为我们是我们。在时光的长河中,你从不孤单。广大人民群众的力量汇聚在一起,才能让我们在历史的长河中不断向前奔涌,才能让我们生生不息。

从发黄的稿纸到日记本,从铁盒子里的回忆到新浪微博的动态,一代又一代人民见证着你的发展,也促进着你的发展。在这片土地上,我们仿佛都失去了彼此的名字,化作了一团光,一团坚定却不刺眼的光。

乐声不会中止,历史的长河也会继续向前,我们的未来,定如月光般明亮。

华东师范大学第二附属中学　康嘉峰

康嘉峰同学的征文《我们》写法不落俗套,他从故乡青海的柳哨写起,浓浓的地方特色是《我们》一文的第一个亮点;而后,奶奶吹起的柳哨串起祖孙三代在或贫困或宽裕的物质条件下始终不放弃对音乐的追求,尤其是作为 00

后的"我",更见证了改革开放经济腾飞后,上海都市文化中愈来愈强烈的对精神生活的追求——而要成就"我们"一家三代所有对音乐的梦与爱,皆离不开从新中国成立到如今党的英明领导。卒章显意的语段,言语虽不免稚嫩,却流露着醇厚深沉的情感,似一支流淌自柳哨的青海民歌,久久萦绕人心间。

指导教师:赵欣

盛世之下

我是个地地道道的 21 世纪的上海高中生。上海是我睁眼见到的第一座城市，亦是我现在正踏足的地方。我和这座城市打交道，已是十年有余。

2004 年的冬天，我第一次看见这个世界，这个国家，这座城市。在之后十数年的人生中，我在这个城市渐渐安定了下来，上海独特的风骨和魅力，也渐渐在我心中扎下了根。这个中国当之无愧的一线城市，这个被誉为"魔都"的城市，这个所谓的国际化大都市，或许是共产党成立百年之际取得的种种伟大成果的最佳代表。

我和上海的初次见面，在一个位于长江口的小岛上。从岛上到市中心，要将近两个小时的车程，或许就是因为郊区的偏远，这里并不像是人们想象中灯红酒绿的大都市模样。小岛叫崇明，是一个被长江水用沙子逐渐堆砌起来的积沙岛。可能是长江在塑造这件杰作前酝酿得太久了，它没有北京那样悠久的历史，不过它有着北京所没有的清新空气。这里有东滩和西沙两片湿地，听说那是候鸟们迁移时的落脚点，我没有见过鸟儿们成群地落在这里，我只见过这里探头探脑的小蟹和水畔葱郁的芦苇荡。如果我和上海的故事再久一点，也许有一天我也会看到许多大鸟从天上翩然而下，落在我的面前，那画面一定很好看。岛上还有一处公园，栽着高深茂密的各色树木，进入园中就会看见两排八哥与鹦鹉夹道欢迎游人。再往里走，运气好的话会见到园里散养的梅花鹿、松鼠和各类雀鸟。娱乐设施都掩藏在枝叶深处，骑马项目的购票处总是排着长长的队伍。此地的树，有相当一部分是当年组织活动时由当地的企业和个人栽种认养的，因此看来似乎也格外亲切。我在这里就读的初中，环境虽不及湿地公园，也有着一潭面积不小的湖水，湖畔栽种的杨柳一到春天就把整个校园变得白絮纷飞。桃花、梅花、薰衣草，还有草坪上许多不知名的野花，一年四季总有鲜花装点着这里，还有带着甜味的柠檬草，高高大大的梧桐树。这里就是中国的第三大岛，这就是建党百年后上海之一隅的生态风貌。

上海在我心中原是风情万种的,一曲千娇百媚的《夜上海》,把这座不夜城浪漫风流的形象唱进我心,然而在上海的这座小岛上,人们更多地选择早早归家,把漫长的夜晚留给家人的念叨和饭菜的香味,然后用一场美梦慰劳辛勤一天的自己。比起夜晚,清晨的这里要更加有趣些。五六点钟,天才刚蒙蒙亮,街道上很安静,但已有了不少人活动的身影。三三两两去学校的学生,便利店亮着的灯,早餐摊氤氲的香气,这晨光初曦的画面,是我离岛后最难以忘怀的世界名画。这样的市井百态,才是社会最真实的写照。看着这样一幅市井图,让人怎能不感慨,当年那个战乱频仍,被列强所欺压的国家,那个国共内战,处在水深火热之中的国家,竟已变作如今这安居乐业的模样。

这年,我随着升学离开小岛,来到了上海市区。比起崇明,这里更符合上海长久以来在外界人们心目中的形象。当你在夜晚驱车行驶在公路上,你会看见暖黄色的灯火点亮形状各异的高楼和尖塔,一直漫向视野最远处,和天上的星星融合在一起。这时若是搭乘夜班的飞机正要出发驶离这里,从窗口俯视,会看见无数条美丽的灯带交相辉映,那是晚归的、加班的人们为彼此点亮的灯,既照亮了回家的路,也在安抚着这座城市里还有许多和你一样没有睡觉的人。上海这座繁华的大都市里,有太多人打拼到深夜,他们点亮每一个夜晚,驱散开彼此的孤独。没有哪个人在见过之后还能忘记上海的夜景吧,也许在未来,我也会点亮其中的一盏灯。这夜景是上海繁荣的体现,是上海温馨和忙碌的见证,更是上海赋予在这里生活的每个人的归属感。

也是在市区,我终于见识到上海是个缤纷的世界。百花齐放的奶茶店甜品店,人潮汹涌的大商场,层出不穷的主题活动和演唱会,人气颇高的乐园,太多太多的东西在吸引着人们来到这个城市,纵情于这里的犬马声色。这是梦想之城,无怪乎有一批又一批的青年选择"沪漂",因为在这里,几乎没有你做不到的事,没有你找不到的东西。这样的富庶繁华,是上海人最大的骄傲和底气。上海的魅力,于此达到了最高峰。而这样光怪陆离的魔都,从前不过是一个平平无奇的小渔村,从浦东新区开发开放至今,也不过短短 30 年。2004 年出生的我,如今看到外祖父年轻时从军获得的奖章,看到祖母家中摆放着的缝纫机,都已难免错愕新奇,更遑论只存在于小说中的那个用粮票布票购物、知青下乡、吃不上肉的年代了。而建党之初的那个战乱时代,对今天的我们来说,已然成了历史书上一段不被遗忘的过去。这样的发展速度,是前所未有的,是振奋人心的,是中国所独有的。百年之间,这片土地上发生了太多的奇迹,在共产党的领导下,"天上浮云似白衣,斯须改变如苍狗"的天上之变更,竟是不及地上的变化之大了。

百年后的现在,那些苦于战火,疲于奔命,受制于租界洋人的人们不见了。热情的上海阿婆会操着一口上海话和我念叨家长里短,地铁上素不相识的陌生人会主动帮我提沉甸甸的行李箱上下楼,路口早餐摊的阿姨会记住每一个熟客的口味偏好,学校的老师会在我状态不好的时候同我关切谈心。生活在这样的地方,还有什么可忧愁烦恼的呢。这里的人们亲善可爱,这里的日子安定和平,就好像什么也不需要担心顾虑。即使在疫情期间,作为一个医疗从业者的女儿,我亲眼见着作为一个人口流动巨大的商业化都市,上海市政府是怎样井井有条地进行管控,在疫情暴发期仍防范得当,避开了"上海将成为下一个武汉"的预言,在舆论的风口浪尖树立起模范。不只是上海,整个中国,在这场同新冠肺炎疫情的抗击中,俨然是世界上的佼佼者。共产党领导下的这个社会主义国家,厚积而薄发,终于展现了它制度体系下得天独厚的优势,为全球提供了中国方案。与发达的美国的一片混乱形成鲜明对比的,正是这样一个中国样本。共产党百年来的努力,又一次得到了它应有的回馈。

我有幸生在这样一个时代,这样一个国家,这样一个城市。2021 年的 7 月 1 日,中国共产党即将迎来它的百年诞辰,而在它的领导下,这个国家依然是政治清明,百姓和乐,生态和谐,持续发展,河清海晏。我格外地期待,当春风又一次把柳絮杨花吹满崇明岛时,我又会见证共产党创造的多少奇迹……

华东师范大学第二附属中学　黄宇辰

　　文笔穿行于郊区风轻水澹的林间小径和市区人流熙攘的街道,目睹了恬静朴实的日常旋律与高歌阔行的城市节奏,往昔一幕幕闪回,当下映入眼帘,无数可能性铺展开。本文质地丰赡又层次分明,从时间和空间两个维度,以自己的视野看上海,看浦东和崇明改革开放这些年来日新月异的变化,微观与宏观,从安居的生态家园到归属感,再到疫情时期政府及时应变取得的现代文明的成果,又有阿拉上海人始终不变的风貌与温情,感念并沉淀在心。本文视野广阔,立意高远,反观历史,沉浸当下,展望未来,情感细腻,文采斐然。

指导教师：孙瑞

新时代的中华之"博"

　　这 100 年,中国共产党带领中国人民捍卫祖国的广阔江山,传承中国优秀传统文化,发展面向现代化、面向世界、面向未来的中国特色社会主义先进文化。作为青少年的我,虽无法亲身经历汹涌澎湃的百年风云变幻,但是有幸在新时代、在生活的细微处,感受到中华民族、中国人民、中国共产党所坚持与发展的祖国之"博"。

　　四五岁时的我仰起头,用稚嫩的目光望向悬挂在墙上的中国地图。爸爸轻轻拉起我的手,比画出形同雄鸡的疆域,自豪而耐心地告诉我:"我国的国土面积达到 960 万平方公里,每一寸土地都是中国人民用热血守卫的!"我琢磨着自己刚学会的汉字,觉得祖国偌大的版图就是"博"。

　　成长路上,父母带领我用脚步丈量祖国的"博"。我爬上了江南连绵平缓的丘陵,也穿行在小兴安岭一望无际的白桦林中。我曾赤脚踩在三亚松软的沙滩上,也奋力登上了玉龙雪山之巅。当我骄傲地在中国地图上圈画出足迹所到之地,尽力回想每一个地方向我展现的不同风景时,我忽然明白,祖国的"博"不仅表现在国土面积大,还体现于自然景观丰富多样。

　　渐渐地,"博"从眼前所见转换为心中所感。小学语文课上,我全神贯注地诵读"咬定青山不放松,立根原在破岩中"。虽然对古诗的词句意思还有些不解,但我从嘴唇张翕、空气进出和声带振动中,感受到竹子坚韧不拔的宣言。我家小区中有一片竹林,每次经过我都对它们熟视无睹。然而诗人却关注到那苍翠的枝叶和难以摧折的枝干,发现了朴素植物的精神,借植物含蓄地表达人的思想,甚至将这种深刻的表达转换为最浅显的朗读感觉。我被震撼了,双眼长久地凝视着课本上短短的四行小诗和随性淡雅的竹子白描,感叹薄薄纸张背后所蕴含的中华文化的博大精深。

　　虽有渺小、迷茫之感,但我心甘情愿被这股强大力量拽进诗词世界。"零落成泥碾作尘,只有香如故""幽兰生前庭,含熏待清风""荷尽已无擎雨盖,菊残犹有傲霜枝""岂不罹凝寒?松柏有本性"。不同朝代、不同背景、不同性格的诗人,将心境寄托于各有风姿的梅、兰、菊、松,笔调或悲忧忠诚,或飘逸清高,或乐观振作,或坚定刚毅。它们构成多元、博大的中华文化,又拥有共同内核——中华民族的风骨。坚贞、独立、刚强,相同的品质在不同时代以不同方式呈现,增添中华文化的厚重感;也正是这种品质所激励的奋斗,使中华民族大踏步赶上时代,在发展中创造新的文化元素。

"海纳百川,有容乃大"。上海汇聚了祖国大江南北的奋斗者,他们共同塑造这座城市,也赋予这座城市更丰富的内涵。上海,属于整个民族,是中华民族奋斗的一个反映。在徐汇滨江漫步,伴随徐徐流淌的江水,领略滨江树木的绿意,起伏于错落有致的台阶,步伐或慢或快,随性自然。"上善若水""水善利万物而不争",两千余年前的老子之言,和谐地融入现代城市建设。在豫园漫步,欣赏轻盈灵动的飞檐,感受江南古典园林的雅致。放眼望去,则见上海中心赫然耸立于黄浦江对岸。近处是古朴典雅的亭台桥榭,远处是沉稳现代的高大楼宇,原木与玻璃、砖瓦与钢筋在这里相遇,却并不突兀。

身处传统与现代相互交融之地,我领悟到中国的"博"更是开阔的视野,更是博大的胸襟,更是传统与现代、与世界的结合;领悟到新时代的中华文化拥有新的使命:拼搏、坚守、创新。

思想包容之"博"表现在城市规划中,也体现于每个个体的行动上。我曾有幸承担学校英语节的撰稿工作,用英语讲述中国故事。中国故事数不胜数——这体现了祖国文化之"博",而我最终将展演题材确定为《富春山居图》背后的故事。因为它体现的不仅有作品的创作,还有几代人对这幅画的捍卫、传承。正是捍卫与传承,使我们时至今日还有机会目睹来自过去的灿烂与博大,画作如此,文化亦是。捍卫与传承,也是中华文化成果背后更深层次的精神之美。我渴望以自己的方式,在新的时代传承中华文化的"传承""延续"特质。

写作文稿时,我尤其关注乾隆的题跋:"入山而身立画中,何如望山而画在目前耶?"虽是短短一句话,用英语表达却不容易。斟酌再三,我将问句转换为陈述句,将"身处其中"灵活改变为"行走其间",既保留原文"山"与"画"融合的意趣,又符合英语的表述习惯。在一次次的推敲中,我逐渐用现代英语表现出古代汉语和中国古人思绪中的沉醉、赞美、慨叹,用全球眼光抒发中国心灵,用行动继承发扬祖国之"博"。

中国的"博"在于自然,也在于人文;在于过去,在于当下,也在于未来。中国的"博"需要每个中国人的欣赏,需要每颗中国心的传承,需要作为新时代新青年的我们坚持和发展中国特色社会主义,弘扬中国特色社会主义,在新时代开创新局面,为中华之"博"更添光彩,让中华民族伟大复兴的中国梦更加熠熠生辉!

华东师范大学第二附属中学　胡玮芝

博大,是中华文化的属性之一。胡玮芝的文章可以让我们感受到,一个新时代的年轻学子,面对中华文化的博大,通过眼睛去观察,借助双腿去丈量,凭借心灵去感悟,运用智慧去传承,最后诉诸文字,从而让我们所有人理解她心中的、也是我们每个人心中的"博"的真义。

指导教师：胡伟新

党与青年，共谱乐章

❋ 前奏·暗流涌动

墙壁上的日历在不知不觉中变得单薄，一年的时间也悄无声息地走到了尽头。忙碌的期末复习告一段落，我推开窗户，看着晚霞笼罩下鳞次栉比的建筑和张灯结彩的商业街——所有人都在为即将到来的新年而快乐地忙碌着。"真美啊!"正当我沉浸在眼前这片喜庆与热闹中时，"叮!"手机突然推送了一条消息——"湖北省武汉市监测发现不明原因肺炎病例"。然而我并没有点开那条消息，正如当时大多数人一样，醉心于岁末霞光的无限温柔之中，没察觉到那厚厚的橘色云层下潜伏的狂风骤雨。

❋ 第一乐章·震风陵雨

我照例写了满满一页纸的新年规划，春节欢闹的乐章却在即将迎来最后一个隆重而华丽的音符时戛然而止。突如其来的新型冠状肺炎如凛冽的寒风瞬间吹熄了满市的璀璨灯火，散尽了整街的喧腾热闹。排起长龙的药店、抢购一空的消毒水柜台、空荡荡的街道，以及全国各地接二连三上升的患者数……原本如湖面般平静的生活被从天而降的巨石打碎，人民顿时陷入一场可怕的混乱，恐惧、慌张、不知所措……"兵荒马乱"的气氛像幽灵一样盘旋在城市上空。我关上窗户，有些恐惧地蜷缩在房间里，默默掏出手机在朋友圈发了一条消息——"2020年新年规划：健康活着"。

✳ 第二乐章·激流勇进

幸运的是，这场慌乱并没有持续多久——各级党委和政府在党中央的领导下，全面落实联防联控机制，构筑群防群治的严密防线；广大党员在中国共产党的号召下挺身而出，发挥先锋模范作用；在党的领导下，举国上下万众一心，全国各地的医护人员拼尽全力与死神和时间做抗争；社区服务人员在小区门口严阵以待，把控住最后一道防线；建筑工人们 240 个小时连轴转，火神山医院拔地而起；清理医疗废物的环卫工人、送餐的快递小哥以及听政府指挥好好佩戴口罩的我们……在党的领导下，我们聚成了一股巨大的力量，共同成为扛起中国的脊梁，逆着狂风骤雨砥砺前行，英勇斗争！

在中国共产党即将迎来成立 100 周年之际，它向全国人民、全世界展示了她驾驭复杂局面的统筹能力和组织的优越性，展示了她强壮的手臂和果断智慧的头脑。疫情必然会过去，百年目标也必然会实现！

我暗暗删掉了朋友圈的那条"健康活着"。国家有党的坚强，全国上下劲往一处使，我还怕什么？！

✳ 第三乐章·春的希望

疫情肆虐的爪牙被我们斩断，但为了更周全地保护人民，全国推迟了开学、复工的进程，我也迎来了"钉钉时代"。在疫情期间的学习中，我比之前的学习生活收获了更多东西。从前我总为"我到底为了什么而学习"感到些许的迷茫和困惑，但在经历了紧急的抗疫战斗、看过了那些义无反顾冲到前线抗疫的英雄事迹，感受到了中国逐渐靠近百年目标，我的内心渐渐浮现出答案——为中国之崛起而读书，在未来的某一时刻，不仅仅当祖国面临传染病等灾害的时候，更是在祖国建设的某个环节做出贡献。我从未像现在这样渴望报效我的国家，我手中的钢笔从淡金色的晨曦一直舞动到漆黑而安静的夜晚：那笔管里装着绛蓝色的墨水，蓝色的笔管里跃动着鲜红的热血,尖细的笔尖在洁白的纸上留下充满希望的舞步。与面前的屏幕一同闪亮的是心怀奋斗目标的少年向着祖国美好明天而生长的力量。

我再次发了一条朋友圈:"健康活着,以一种向上的姿态健康活着,为成为中国未来的脊梁而活着!"

我对祖国充满信心,不仅源于当前它做出的优异成绩,更是因为我相信有和我一样充满朝气的青年,会撑起祖国的未来。

✳ 终曲·似锦前程

当国内的疫情取得阶段性胜利,生活似乎归于宁静之时,国外的疫情却日渐严重,我们还面临着境外疫情输入的压力。但是我坚信,在党中央的正确领导下,随着医疗科技的发展,这场疫情终会迎来它的休止符,街道会再一次变得喧闹,城市的霓虹灯会更加璀璨,盘踞在头顶的阴云也会消散。

中国发展的脚步永远不会停止,像我一样的万千中国青年前行的步伐永不停止。在党的领导下,我们会度过艰难的寒冬,在和煦的春天蓬勃生长,在明媚的夏季尽情绽放,在爽朗的秋日迎来盛大的收获!我们必将前程似锦,必将奏响一曲又一曲胜利的乐章!

上海市嘉定区第一中学　杨佳语

本文称得上"文质兼美",行文上紧扣主题,以笔代指、以纸为琴,低眉信手续续弹,弹出一曲"坚定不移跟党走,全国上下一条心"的抗疫华章。这一曲曲调起伏有致,旋律干净流畅,给人一种别致美。

　　此外，本文最动人之处还在于其"曲"中之情。放眼整篇文章，没有空话大话，也没有虚假的煽情，字字都是在述亲身经历之事，句句都是在诉心中真实之情，真实、细腻地刻画了疫情中一个青少年的心理变化，描述了一个青少年在情感上逐渐靠近党、亲近党的心路历程，这使作品呈现出一种真实的情感，产生一种真实的美。

　　总的来说，本文形式新颖别致，内容翔实，情感细腻动人，堪称一篇美文。

指导教师：刘楠楠

阴霾中的万缕阳光

手握手机,翻看日历,不知不觉已至年末,不由心潮翻涌:2020年,谁都没想到,年初我们迎来了一场前所未有的战"疫",遭遇了阴霾与寒冷,但一群英雄用他们的信念与担当为我们撑起了心中的春天,这座城市的温度依然那样暖。

"丁零零……"大年初一清晨,一阵急促的手机铃声把我从香甜的睡梦中惊醒。"好的好的,我知道了,我马上就过来。"挂上电话后,只听见母亲急匆匆地对父亲说:"肺炎疫情来势汹汹,我得赶紧去单位召开紧急会议。""我送你去,春节假期单位人手紧,有需要我还能帮上忙。"没过多久,一阵关门声凝固了空气中弥漫着的紧张气氛,我叹了口气,无趣地打开手机看了起来。

刹那间,手机弹窗里关于新冠肺炎的报道接踵而至,只见"全国各地医务工作者驰援武汉""防控疫情最新热点追踪"等热点新闻扑面而来,"今日确诊病例数据"接连不断实时刷新,"急寻患者同行人"的红色公告显得特别醒目……瞬时,一股紧张、焦虑的情绪窜上我的心头,就好像无形的阴霾笼罩着我,压得我喘不过气来。

这个特殊的春节,少了聚餐会友,少了热闹喧哗,只有那寒冬的阴霾笼罩在上空,驱之不散。

从大年初一接到电话后,身为医务人员的父母就没有休息过一天,他们经常早出晚归。我的母亲是办公室主任,需要统筹协调单位各方面的工作,也因此特别繁忙,即便回到家她的手机铃声也是滴滴响个不停。"小王,排摸名单已下发,赶紧分组落实!""喂,小张,防护物资催一下厂家,明天一定要到位!""小周,今天的抗疫宣传写好了吗?记得及时发布哦。"母亲好像有一百个不放心似的叮嘱着各项工作的完成情况。父亲心疼母亲,让她在沙发上闭目养神一会儿,然而,只要微信提示音一响,母亲就赶紧拿起手机,生怕错过任何一条重要信息。

"白加黑""五加二"的工作模式使母亲的面容变得憔悴,颈椎病又复发了,她却只是戴起颈托继续工作。我劝她休息,母亲却摆摆手:"不要紧,和武汉一线奋战的医生比起来,我们这点辛苦算不了什么!"我从母亲身上看到了共产党员大公无私的优秀品质,她用实际行动践行着共产党员的初心和使命。

从接到任务的第一时间起,母亲就忙得像个陀螺,而我的父亲也没闲着,原是口腔医生的父亲在抗疫期间又成了一名消毒卫士。社区中每发现一例疑似病例,父亲就穿上那密不透风的防护服,戴上护目镜,手持沉重的消毒喷雾器,冒着被感染的危险,去消灭那看不见的"敌人"。

大年初三,父母手机里的工作群发出了"抗击疫情倡议书",号召医生们积极加入道口体温检测队伍,父母两人都积极报名参加,父亲还主动提出值夜班。大年初四,是父亲在洋桥道口值夜班的日子,室外寒风凛冽,我望着夜空中飘着的蒙蒙细雨,想象着父亲换上防护服,戴上防护手套,手持额温枪在冷雨冷风冷夜中坚守在洋桥收费站的模样,不由得拨通了父亲的手机:"老爸,晚上值班你可要多穿些衣服呀,记得腰上贴上暖宝宝,鞋子里也要垫上暖脚贴哦,晚上一定要注意安全!""放心吧,我们领导给我们准备了好多防寒用品呢,没问题的,我这会儿要上岗了,不和你多说了噢!"还没等我反应过来,那头已传来"嘟嘟嘟……"的忙音。

接下来的日子,手机成了我每天关心疫情的必备工具,我看到在这场与疫情"赛跑"的过程中,每个人都为此付出努力:84 岁高龄、经历过 SARS 的钟南山院士又一次重返岗位;全国无数医务工作者主动请战;社区工作者走街串巷,入户走访;"火神山""雷神山"医院如火如荼地抢建;公安干警摸排调查,车辆监控……然而,正是这一群"太阳",用一束束阳光驱散所有的阴霾,他们用微笑与勇气带来万丈光芒,用坚毅和不屈为人民的健康勾勒出一幅动人的战斗画卷,成为这个春节最靓丽的"风景线"。

"丁零零……"手机铃声又响起来了。"小宝啊,你一个人在家吗?"原来是外婆打来电话,"爸妈工作忙,你要乖乖待在家里,不要到处乱跑,多喝水勤洗手……""外婆,你们也要照顾好自己,出门买菜记得戴好口罩,不要再去邻居家串门啦!""知道知道,我们待在家就是为防控疫情作贡献!"

话音刚落,手机的微信消息声又接连不断地响起,我打开一看,原来是居委干部正在群里号召居民为抗击新冠肺炎疫情献爱心,大家都积极响应,纷纷线上捐款。"太好了,终于可以让我也出份力了!"我不由得暗暗高兴,毫不犹豫地将自己平时的学习奖励金贡献出来,此时,我的心里比吃了蜜糖还要甜……

这就是2020年最靓丽的"风景线",我看到了忠诚和担当所放射出的光芒,看到了人间大爱的广阔、生命不息的希望。

没有过不去的冬天,也没有来不了的春天!在团结的力量催化中,冰雪消融,春暖花开。

阴霾终将散去,阳光依旧温暖。

上海第六十中学 孙鸣颉

这是一篇特别"真"的文章,作者从"我"的视角出发,回看2020年初的那场全民抗疫之战,既是个人体验的真情流露,也是特殊时期的真实记录。彼时各家各户都有属于自己的抗疫故事,本文作者精心构思,以手机铃声的响起串联全文,展现了自己在疫情初现时的心理变化,更是突出了作为共产党员、一线医务工作者的父母的责任与担当,可谓见微知著。全文语言流畅,真切动人,作者通过个人的所见所闻所历告诉大家,国家的繁荣发展与每一个人息息相关,众志成城,万众一心,其中凝聚着强大的中国力量。

指导教师:郭蓉

以山河为枕

中国一直是一个英雄的国家,我相信。

中国共产党成立 100 周年之际,不禁让人再次回望 2020 年的一切,让人思考家国情怀的真正含义。

小时候,"国家"一直是个很渺茫的概念、热血的词语,也从来没有知晓过它的意思;对那些从课本上读到的英雄们,我的理解也只是机械地理解,被板书在了黑板上。

待年龄渐长,知道了所谓家国,所谓英雄,但也无非是懵懂地敬佩,以为那是简单的热血情怀。英雄是高大的人物,是奋勇杀敌的人。后来才明白,并非如此。因为没有哪一个英雄不曾希望能在万家灯火夜里陪自己的妻儿老小一起度过漫长岁月。

过去的那一年,我们皆注视着长江之滨的武汉,注视着中国,也注视着这方水土上的英雄。

1911 年 10 月 10 日,炮火从武昌阴霾遍布的空中爆发。长江之滨的武汉披着淋漓的鲜血,满身伤痕,站立起来。一双坚定的眸子,如同黑暗中最耀眼的那一抹光,亮得惊人。

2019 年 12 月,新冠病毒窥视着慌乱的人群,它无情地将一切浓艳的色彩藏匿抹杀,只留下满眼压抑的黑白,死气沉沉。

原本充盈着过年喜庆气息的冬日一下子变得无比漫长,人人自危,仓皇逃离。可另一群人如纯白的雪一般飞扬飘落向惊慌失措的人群,一刻不停地逆行,向疫区奔赴。在这个没有年味儿的春节,他们化作最炽热的那抹红,成为照进深渊永不熄灭的火种;他们在沉重、无措的空气中划出裂痕,让生命的光芒照了进来;他们让中国被爱的色彩所渲染,再次坚定信念。他们,是医生,是护士,是军人,是社区干部……逆行者们皆义无反顾套上防护服，奔赴抗疫前线，成为奋不顾身的光，成为这个冬日中所有人的光。

而在险恶严峻的抗疫过程之中，中国共产党员在关键时刻，不畏艰险、冲锋在前，让鲜红的党徽闪耀在抗疫前线，在斗争中彰显中国的英雄本色。在武汉的方舱医院，党员们积极发挥先锋模范作用，成立了患者临时党小组，患者中的党员自发组织起来，充当志愿者，充当医护人员与病患之间的桥梁……

我只能从新闻报道中看到他们，可即便在电视中他们小小的身躯里，我依然能辨认出，他们璀璨如太阳一般的灵魂。

歌曲《无碑人》中唱道："在熙攘的人海他回首，总有千万人投身黑暗的烈火，屹立背后是山海家国，和长眠在墓下无姓名的某某。"漫漫长夜里，有人替我们背负重担，肩承常人难以想象的重量，他们也会无奈，会不舍，会畏惧。但在离开家走向抗疫前线的那一刻，就都融在了饮冰难凉的热血中。他们屹立在山河家国之前，以性命为注，将赤心热血呈给家国。

期盼，我们中国青年能从其中感受到力量，将英雄品质永葆心中。

"万人既去我独往，英雄儿女气昂扬！"

上海市七宝中学　符怡昕

这是一篇充满致敬英雄、致敬青春的激情的作品。作者将目光聚焦于一座英雄的城市，一群英勇的人们，认识到在百年回眸中，无数共产党人正是无数平民英雄中的先锋，从而领悟到"英雄"正是各行各业中兢兢业业、不惧艰险的血肉之躯。认识由此得到升华。

指导老师：高鹭

无奋斗，何以得成功

我们大家要学习他毫无自私自利之心的精神。从这点出发，就可以变为大有利于人民的人。一个人能力有大小，但只要有这点精神，就是一个高尚的人，一个纯粹的人，一个有道德的人，一个脱离了低级趣味的人，一个有益于人民的人。

——毛泽东

犹记得儿时，奶奶常坐在书房，戴着老花镜，翻出那本虽然封面早已泛黄，边缘已略微上翘，上面还布满了如蜘蛛网般的斑驳裂纹，但却依旧方方正正的记事本。奶奶视其为珍宝，我曾问过她，为何不换一本新本子，看着干净又整洁？她却说这不仅仅是一本本子。

出于好奇，趁奶奶不注意，我打开了那本神秘的记事本，上面竟然是爷爷一笔一画细致记录的旧事，那苍劲而不失浑厚的字体，字里行间那慷慨激昂的意志气概，让我不禁对他的经历产生了浓厚的兴趣。我的爷爷叫孙全富，是一名老党员了。1973 年，他不顾家人的反对，毅然离开上海，远赴一千公里以外的四川泸州当兵。通过记事本上的点点滴滴，我才清楚地认识到人民军队对军人的要求是如此严格：整理内务、出操、政治文化学习、野外拉练，等等。新兵连的生活是枯燥的，每天成百上千个正步走、队列练习、持枪动作是对人的体能的极大考验，时不时还会有满负荷装备 5 公里拉练，要说苦，确实苦，但是爷爷却从不屈服，从不叫苦叫累，咬着牙，认认真真地完成了所有科目，成为一名作风优良、政治过硬、忠于党和人民的好战士。

2020 年，注定是让全世界都难以忘怀的一年，可怕的新冠病毒席卷人间，高传染性使得确诊人数节节攀升。在这危急关头，万千医务工作者，尤其是党员同志,响应党的号召,置自己的生死于不顾,从各地奔赴疫情中心区武汉,与病魔展开了一场殊死搏斗。"哪有什么白衣天使,不过是一群孩子,学着前辈的样子,和死神抢人罢了。"听到这句话让我感慨万千,一种莫大的自豪感充溢心间,这就是中华民族的伟大的凝聚力。在国家危难之时,这种民族大爱表现得淋漓尽致,深入人心。

他们的故事,离不开对党对人民的无限忠诚和爱国热情,他们的故事,也离不开中国共产党对每一位党员的严格要求和每位党员自身的不屈精神。他们的故事,不正是体现了伟大的中国梦吗——在中国共产党的正确领导下,中国人民奋发图强,爱党敬业,携手共建富强、民主、文明、和谐的现代化强国!

此时,我渐渐明白了爷爷的军旅生活是如此的平凡而又伟大。他曾经告诉我说:"军队是一座大熔炉,它能够锻炼你的意志,增强你的体魄,更为重要的是能够培养你爱党爱国爱人民的忠诚之心。"想想爷爷的话,再想想现在的我,我觉得自己遇到的那些困难,真的都算不了什么。

现今社会纷繁复杂,我们不要被太多的世俗杂事所诱惑,不要沉迷于追求高物质水平的生活。今天的繁荣昌盛,都是前辈们咬着牙、流着血、拼着命才得来的。时代在变,但我以为他们心中执着奋斗的心一直没变,因为这是扎根于内心深处的民族自豪感和责任心。

"与天奋斗,其乐无穷,与地奋斗,其乐无穷,与人奋斗,其乐无穷",毛主席的这番话,不仅仅是提倡中国人民要有积极向上的人生观和价值观,更重要的是提醒我们要奋斗。无奋斗,不充实;无奋斗,不精彩。艰难方显勇毅,磨砺始得玉成,站在"两个一百年"的历史交汇点,在党的统一领导之下,全国人民携起手来,为祖国的繁荣富强而奋斗。

上海华东模范中学　孙梓涵

整篇文章的引言从毛泽东语入，结尾又从毛泽东语出，紧扣建党100周年的主题，首尾呼应，构思巧妙严谨。选材既有爷爷的笔记本，又有疫情期间的医护人员，从身边的个体讲到社会群体，回顾了爷爷的当兵历史，又能关注当下社会热点人物，最后聚焦到对自身和一代青年人的反思上，呼吁减少物质欲望，培养为国奋斗的精神。全文富于生活气息又不乏大视野，充分显示了时代新青年对国家民族的深挚情感。

指导教师：金琳

我的祖国

时间回到 2020 年伊始。

"一条大河波浪宽，风吹稻花香两岸……"记得每晚 8 点，楼下邻居家就会准时响起悠扬的笛声，听到《我的祖国》的笛声，父亲总要跟着哼唱起来。"老爸，别唱了，我写作业呢！"

"知道了！"隔着两道门的歌声戛然而止，只剩下邻居家婉转的曲调，回荡在楼宇间。

疫情笼罩的日子，生活被按下暂停键：篮球场封锁，公园里热闹的广场舞也不见踪影，只剩下这每天准时响起的悠扬笛声回荡在耳旁。

家中挂历随手撕下，时间如同墙外的藤蔓，错综复杂地爬行，谁也不知道日子过到了怎样的程度。窗外的街上空荡荡，仅有几人皆是行色匆匆。他们"全副武装"，口罩戴得恨不得把眼睛也遮住，全身每一处都似乎在告诫"别靠近我"。稀落的背影逐渐消失在寂寞冬日里，显得格外冷清。而这已经是前线无数白衣战士和防疫工作者用汗水换来的成果。

在突如其来的疫情面前，医务工作者冲在防疫最前线，义无反顾日夜奋战，展现了救死扶伤、医者仁心的崇高精神；党中央一声令下，一群最可爱的人闻风而动，敢打硬仗，作风优良，展现了忠于党、忠于人民的钢铁意志。从这次疫情防控整体情况看，党和政府建立起来的防控疫情体系已经发挥了巨大的作用，这充分彰显了中国共产党在如此巨大公共卫生灾难面前的应对能力，也彰显了党中央统一领导的强大力量，彰显了中国特色社会主义制度的显著优势。看到荧幕前一方有难、八方支援的医生、军人，看到共产党员……他们的坚守与奉献彰显着中华民族的脊梁，这股中国力量也激荡着我的内心深处，让我不禁为我们的国家感到自豪。因为他们的勇敢，我们感到坚韧的力量；因为他们的奉献，我们触到心灵的温度；因为他们的坚守,我们看到山河的无恙。

一条大河,波浪拍打着两岸;微风习习,裹挟着稻花香。这就是我的祖国。千百年来中华大地历经沧桑,但自强不息的中国人民却始终屹立在中国这片热土上,孕育出灿烂辉煌的中华文明。"得其大者可以兼其小",作为新时代青年,我们肩负着实现中华民族伟大复兴的责任与使命。习近平总书记曾寄语青年,只有把人生理想融入国家和民族的事业中,才能最终成就一番事业。"少年强,则国强",我想唯有珍惜学习机会,学好本领,成为更好的自己,才能不负这个时代赋予我们的使命与责任。

记得 2020 年寒假最后一天,我正关注报纸上疫情的最新消息时,楼下悠扬的笛声再次响起,而父亲又哼唱起来,这次我没有打断父亲。不知为何,父亲的歌声,让我心潮澎湃,如万马奔腾,似九州风雷……

上海交通大学附属中学　刘昱辰

文章开头简而得当,文中对新冠肺炎疫情的所见所闻叙述自然生动,结构紧凑,衔接自然连贯,中心突出,通过自己对居家防疫生活的观察引出自己的深刻思考。全文以父亲的歌声开篇,以父亲的歌声结尾,文中前后照应,首尾连贯,但又形成强烈的情感对比,作者内心对《我的祖国》这首歌的感受和理解已然不同,无声地凸显了强烈的爱国情怀,感染力极强。

指导教师:曾腾

红色基因之承续　奋斗青春之践行

十月革命一声炮响,为中国送来了马克思列宁主义。李大钊、陈独秀等知识分子积极传播共产主义,中国共产党于 1921 年成立,党员队伍在探索与奋斗中不断发展壮大。共产党在艰苦卓绝的斗争中不畏艰险、勇攀高峰,最终,领导中国人民取得新民主主义革命的胜利,使得中国的发展进入了新纪元……

直至改革开放 42 周年后的今天,新中国已然以崭新的姿态屹立于国际舞台。从"两弹一星"到"嫦娥五号",从"中国制造"到"中国智造"……中国人民在中国共产党的领导下,在求真务实的精神引领下,在与时俱进的思想指导下,取得了举世瞩目的成就。

在宏观上,红色基因贯穿于中国共产党从源起到当今不断演进、沿革发展的过程,积淀于一代代青年为实现我国百年奋斗目标而付诸实践的过程;而在微观中,于我个人而言,亦是从先辈到己身的传承。

我的外公是一名老党员,曾在陆军第二十七军七十九师高炮团担任政治处主任。他常向我们陈说当兵年代的故事,传唱高亢激昂的军歌,向我讲述解放军的正义作为、部队的严明纪律、军人们在艰苦条件下的奋斗与顽强。我也从他的作风与教育中,收获了不少有关为公与奉献的体悟。我的外婆亦是一名党员基层干部,曾任镇上的妇女联合会主任。在党员家庭的熏陶之下,母亲也时刻学习红色思想,于工作时加入共产党,至今仍奉献于教育事业。

当红色基因的接力棒传承到我手中,我由加入儿童团、少先队为起点,便立志为祖国未来的建设而努力学习。在少年先锋队集体中,我积极筹划参与组织建设,带领伙伴们团结一心、学习成长。随着时间的推移,我终于加入了中国共青团,与党组织的距离更近一步、对党的了解更为深入。升入高中后,我也积极加入校马克思主义协会,学习贯彻马克思主义,成为一名马克思主义与中国特色社会主义相结合的青年实践者,在各项活动中踊跃参与、积极进取。

就我而言,对"四史"等知识、中国特色社会主义、马克思主义、爱国主义等理论的学习,还是感到艰涩难懂的,毕竟作为系统化、理论化的内容,它们看似离青少年日常生活实践较远。但从年少时潜移默化的家庭教育开始,到青年时期逐渐自主地有意识进行学习,这便是红色基因的家族传承过程,亦是我作为新一代青年人在思想觉悟上有所提高的过程。

"实践决定理论,实践是理论的来源,是理论发展的根本动力,是理论的最终目的,是检验真理的唯一标准。"因此,从学习理论到付诸实践行动的转变,才是使我们进一步在根本上有所体认、有所蜕变的源泉。就以 2020 年的新冠肺炎疫情为例,我便从中收获了不少难能可贵的精神财富。

2020 年初的这场新冠肺炎疫情来势汹汹,一时间举国上下人心惶惶。恰逢春节寒假,面对返乡探亲所带来的极大客运量可能造成疫情态势的扩散,中央立即着手统筹处理:各省市突发公共卫生事件应急响应启动,从全国各地集结的医务人员、医疗物资赶赴武汉支援,社会各界纷纷涌现出"最美抗疫逆行者":年逾八旬的钟南山院士,冒着风险赶赴抗疫第一线;时任武汉金银潭医院院长的张定宇隐瞒身患渐冻症的病情,全力救治病患……

"危险的事情顶着上,辛苦的工作抢着干。"在基层群众间,后勤为抗疫积极奉献的人物也屡见不鲜。我从新闻报道和网络媒体中,持续关注着疫情动态发展和抗疫故事。在"上海普陀党建"公众号中,我了解到近在咫尺的基层人士的杰出事迹,让看似离得遥远的"抗疫之战",变得更让人有深切体悟。

"口罩紧缺怎么办?"宜川社会组织联合会党总支书记李萍组织 20 多位长护险员工在业余时间来到服务中心做口罩。口罩的棉布布料是护工小董珍藏了近 20 年的全新纯棉布料;护工小陈家里有两台缝纫机,她连忙叫儿子帮忙从家里搬运过来。就这样,在社区服务中心大厅口罩"工厂"一天内"建成"。经过消毒、裁剪、踩线等工序,每个口罩用足 5 层棉布料,用它再加普通口罩,"效果不输 N95"。他们的行动为社区群众的安全提供了保障,"亲手制作"的暖心之举在社区传播,让战"疫"更有温度。他们充分发扬了责任意识与奉献精神,体现了家国情,令我备受感动。

中国能在疫情危急时刻快速应对,通过核酸检测、严防严控等措施,营造了极为安全稳定的国内环境。这体现了我国独到的制度优势:中央有条不紊地及时应对,基层群众环环相扣地配合,展现了优越制度下人民齐心协力所发挥出的无限潜能。

疫情无情人有情,在这个特殊时期,我看见了白衣天使昼夜奔波奋斗在一线,各界人士众志成城协助在后勤;我记住了广大群众凝心聚力隔离在家中,志愿人员自告奋勇坚守在卡点。我为中央统筹、各级响应、基层义不容辞坚决贯彻抗疫感动;又为一方有难,八方来援,各地纷纷解囊相助而感动。

在此期间的所见所闻,使我在对抗疫英雄充满敬意的同时,也对一个个平凡的普通群众充满敬意。作为一名新时代青年,我亦应当尽己所能为抗疫作出贡献。其中最首要、最基本的,便是严格遵守公共秩序、主动配合在家隔离、出门佩戴口罩、不信谣不传谣等。恪守作为学生的学习职责,通过网络平台做到"停课不停学",亦是主动配合稳定局势的行动之一。

而除此之外,作为一名共青团员,我更应该充分发挥主观能动性,在同龄人群体乃至社会中,起到带头引导作用。首先,我与两位同学共同创办了在线晚自习室,利用腾讯会议平台,每周定时定点进行视频连线自习,这一举动提升了同学们的学习效率与自律能力。此外,作为校百年文学社社长,我筹划组织了战"疫"主题三行情诗创作活动,"没有被禁锢的城,只有离不开的爱",我们以笔为戈,以诗为戎,主动参与抗击疫情的阻击战、攻坚战、持久战,共征集到稿件30余份,在同学群体中引起了积极反响。暑假中,我参与了"'疫'影传情""'疫'心抗疫""'疫'线故事"主题微视频、绘画、征文创作活动,记录、宣传抗疫期间干部群众迎难而上的过程中展现出的"抗疫精神"。

从学习理论到观察了解,再到在实践行动中有所作所为,从看似离得遥远,到深有实际感触,这便是将理论付诸实践的过程。

"青年最富有朝气、最富有梦想,中华民族伟大复兴终将在广大青年的接力奋斗中变为现实。"习近平总书记对青年人寄予厚望。这也向我们新一代青年昭示:中华民族伟大复兴的使命、"两个一百年"奋斗目标,都是我们应通过不懈努力去追求达到的,我们是历史使命的传承者与践行者,我们正与那些祖辈先辈们站在一道。

立足于当下,我们首先应勤恳务实,通过学习打好知识基础,使自身拥有扎实的底蕴储备。并且,我们应立定志向,从社会集体细化到个人对人生小目标的追求。此外,最重要的是应时刻脚踏实地、开拓进取,在守正的同时积极创新,为祖国未来的建设发展插上新时代的翅膀。就我个人而言,我的理想便是成为一名传媒工作者,将来以记录者、讲述者、传播者的方式将先进思想与故事传遍更多角落,实现青春的价值。

宏观与微观中红色基因的传承,理论与实践中爱国情怀的体悟,这便是我作为新时代青年人的成长经历与收获。而我们必将依凭青春之蓬勃力量,胸怀百年奋斗目标,通过实践开创无限可能的未来。

上海市曹杨第二中学　马一茗

这位同学的文章结构清晰。首先回顾了近代以来中国人民取得的种种成就,追溯红色基因的起源,然后讲述自己家族中代代相传的红色基因。接着,作者结合时下热点新冠肺炎疫情,生动地列举了抗疫中令人或肃然起敬或感慨万千的事例:从医疗一线,到社区基层,再聚焦到一位位抗疫英雄;叙述了自身于抗疫进程中所做的实事:与同学开设网上自习室,举办诗作征稿、主题作品创作等活动。作者在最后展开思考,明确了自己作为新时代青年应该肩负的责任:从身边做起,发挥主观能动性,胸怀目标,开创未来。全文情感真挚,思想深刻。

指导教师:赵莉

信仰的涌动

在刚刚加入共青团的时候，我对于中国共产党精神的景仰都是来源于历史中那些先辈们的光辉事迹；而随着年龄逐渐增长，对于社会的感知逐步加深，心中的感触也随着对身边一个个鲜活生命事迹的听闻愈发加深。当理论知识同生活实事碰撞，青年的思想便会擦出绝妙的火花，心中那名为"信仰"之物也开始悄然涌动；而那些身边的人、身边的事，既是中国共产党的宗旨在当下最具体的表现和传承，也是青年人心中信仰萌发的引示。

我的爸爸是一名共产党员，他从事离休干部工作，与老人们关系友好，却总让我觉得那样的关系早已超越工作上的基本范围。疫情肆虐初期，爸爸对口的一个患尿毒症的老干部，每周需要在保姆陪同下3次去医院做血透。在国内口罩供应尚缺乏的时期，一周6个口罩的消耗量对于老人来说是一个极大的缺口，于是爸爸和妈妈商量后决定亲自驱车到老人家中，送上我们家的20个口罩，帮助老人缓解3个星期的口罩压力，直至口罩生产的全面恢复。当"坚定无私奉献"的党员精神切实在我最亲的人身上被付诸实践时，我第一次如此真切地体会到共产党员的伟大，不由得对爸爸刮目相看。但爸爸却常和我说，他也在老干部们的身上学到了很多，而当他将那些事迹一件一件地讲给我听时，我也能感受到自己思想的进步。

"怕是要沽名钓誉吧？"刚听说爸爸单位的一位离休干部捐款10万元在单位设立帮困基金的消息后，我如是发问。爸爸回答说情况不是这样的，这位捐款的周奶奶不是今天才做好事，过去多年来也是一直在做公益。"那她肯定是和家人的关系不好，捐给国家也不给子女；或者她子女条件太好，根本不在乎这点钱！"我依旧是不依不饶。爸爸向我解释，周奶奶和子女的关系很好，家庭也很和睦，她子女也只是普通家庭的状况，但他们都很尊重和支持周奶奶的举动，因为周奶奶有自己坚定的信仰，那是一名普通共产党人的信仰。

"不要人夸好颜色,只留清气满乾坤",其实这类有时得不到尊重和理解的好人好事在爸爸所服务的离休干部群体中是大量存在的,只是由于老干部们只做不说的朴实作风,让他们并没有张扬或辩解而已。他们离休不离志,始终保持信念坚定、对党忠诚的政治品格,从细枝末节做起,为党的事业添砖加瓦。有的离休干部回老家出资建立烈士陵园,并且几十年如一日默默无闻、心甘情愿地进行日常维护和管理,为当地的红色教育事业贡献着光和热;有的老干部以宣讲团成员或社区宣传员身份,通过讲述自己亲历的感人故事来展现党的正能量;还有老同志自己省吃俭用,却"一掷千金"地交纳特殊党费或向灾区捐款,体现老党员、老干部群体对党和国家发展的关心;还有些老干部努力说服家人,身后事简办,遗体捐献给国家做医学研究,体现出共产党人彻底的唯物主义思想。诸如此类的好人好事,不胜枚举。

听爸爸说在离休干部的心中,"坚定党的信仰,坚信党的领导,坚守党员追求,坚持无私奉献"不是空洞的口号,而是毕生的追求。对于他们而言,走进学校、社区宣讲,不是走过场,而是真心的呐喊,爱心的呼唤;对于他们而言,为抗震救灾捐款捐物、设立扶贫帮困基金,这慷慨解囊不是"走秀",而是心系灾区,记挂特定弱势群体的具体体现,更是执行习近平总书记提出的"精准帮扶"的一项有益尝试。

爸爸就是在有这样一群一生坚守信仰的共产党人的环境里工作,我就是在爸爸所讲的一个个属于他们的故事中长大,而共产党人的精神,我想,也正是在其中被一代代传承的。从老干部,到爸爸,再到我,这种信仰的涌动并非源于空洞的口号,而是当一颗颗青年的心被上一辈共产党人对信仰的践行深深打动时,在青春本会有的迷途中,突然抬头望见的一盏明灯。正是信仰成就了一代代中国共产党人的光辉事迹,而光辉事迹对下一代的影响又激发了新的信仰的涌动;也唯有信仰,中国共产党人才能成为蓝天下高飞的风筝,它悠游自在,不为乌云和风暴所扰。因为,牵系着它的,是一根牢不可破的信念之线。"问渠哪得清如许?为有源头活水来。"唯有专一信仰的涌动,才能展现梦想的光芒。

上海市曹杨第二中学　庄天爱

　　庄同学的这篇文章条理清晰，文笔流畅，没有花哨的辞藻堆砌，但读完后让人感觉崇高的信仰就在身边，非常接地气，不矫揉造作。作者不否认之前的理解不够深刻，同样也提出一般人都会有的"利他"疑问，但发生在身边共产党人（包括父亲及所服务的离休干部群体）的鲜活事例，让她体会到了信仰的真实，同时也升华了自己的思想认识。因为青少年的思想可塑性非常强，"在青春本会有的迷途中，突然抬头望见一盏明灯"，中国共产党100年的荣光，就是不同时期千千万万共产党人共同努力的结果。无疑，共产党人的精神也在不知不觉中完成代际传承。

指导教师：赵莉

路

　　她来时还很年轻,是一位刚入党的党员。

　　她有着一双如渊一般深邃的眼,还有一头如柏油路般直顺的黑色长发。她踏过了许多条曲折的路,来到这个折叠在自然鬼斧神工中的小山村。

　　或许是与曾经安逸的强烈落差,又或许,是这里的风刮起来像尖锐的刀,她常常在凝视这里的贫穷时,心中涌起一阵阵感伤。但又很不可思议,因为这样的缠绵终究是短暂的,它会在那些孩子们自然细腻的温柔里被悄然抚平。

　　这就是大山的赠予吧?

　　许多清晨,许多傍晚,孩子们很喜欢用稚嫩的小手拉着她走走。她总是不能理解他们对这一条条不堪的路的深情,却也在不解之中慢慢走遍了山中的小路,这一条条实实在在用脚踏出的路。

　　她不是第一次感叹这里星空的美丽了。夜晚的繁星总是向她天真无邪地闪烁着,像一双双纯洁无瑕的眼睛。

　　"老师!老师!你看,这是我为我家门前画的小路!"小女孩带着满心的欢喜冲着她奔来。

　　她俯下身去,爱怜地抚了抚小姑娘的头,又一次坚定地告诉她:"小柔,老师是不是和你说过,有一天,中国的路会修到每个人家的门前?"

　　小女孩闭上眼睛,若有所思,随后拉着她的手用力地甩了甩:"嗯!我相信老师说的话!"孩子无条件的全然信任和她从心底来的坚定,不谋而合。

　　寒风吹来仍然有些许寒意,没有空调也没有暖气的冬天,于她来说不再是冰冷的煎熬,她下意识地为身前的小姑娘紧了紧衣服,又将她小小的手放进自己的手里焐了焐。

她一遍又一遍地告诉孩子们也告诉自己,有一天,这里的冬天将不再寒冷;有一天,这里的路将不再泥泞。小路,总有一天,会通成大路。

"书籍是人类进步的阶梯。"

她写得一手好字,在有几分坑坑洼洼的黑板上,写下这句话给这大山里的孩子们。他们总是有着前所未有的纯洁和深沉,那是一种涉世未深的纯良。

孩子们如饥似渴地寻觅着她言语中与外界相通的地方,或许对于他们来说,她口中的世界是一条条路,通向他们所向往的幸福。

她看着孩子们,脑中翻动着许多年以后那些长大的孩子们看到这个缤纷世界后的表情。

她希望他们能找到那条路,却深知,有些路,终要靠他们自己去走。

春天的山是漫山遍野的绿色,夏天是青翠碧绿的清新,秋天是被金黄色包揽的丰满,冬天是城市里难见的晶莹。盘旋在山上的路就像是一条又细又长的河流,来来回回抚着这个山中的世界。

她立在同一个山头,看向这座馈赠给她生命的意义的大山。

她不再是当初那个对大山充满了陌生和几分畏惧的小女孩了,鬓角竟也爬上了几丝白发。她身边那群孩子,也终于走出了山看到了他们心中的世界。

她又一次望着那一条条路,那是她来时走过的一寸寸土,也是孩子们走向外面时一点点铺陈着的希望之路。

她多么希望有一天,这份承载了许多力量的简朴中能有柏油的气息。她总是闭上眼想象着那一天,她可以骄傲地走在路上,向着每一个乡外的人展示这条康庄大道。

她有几分骄傲地捧着鲜红的红领巾,一个个的给孩子们戴上。

在小柔的眼里,这是一份至高无上的礼物,更是一种荣耀,她喜欢戴上红领巾在小山村的山岭上来回踱着步子,一边用她甜美的嗓音大声唱着:

"为着理想勇敢前进,我们是共产主义接班人。"

小柔心中从此又多了另外一条路,一条成为老师一样的党员为中华大家族贡献的路。

小小的种子,连同着澎湃的梦,悄然深埋起来。

小柔凝视了许久,终于决定从那个山坡开始建起,她一直懂得老师心中的期盼。

当初那个教室里的孩子们早就在城里各有各的成就,小柔把大家组织起来,一起修好山路。

就这样,第一条路修成了。

朴实的人们脸上藏不住溢出的欣喜,更相约踏着那条路。

就这样第二条、第三条、第四条……大山上的路横纵交错着,在一天天里逐渐络绎起来。

她笑了起来,脑海中的一幕幕仿佛还是昨天那个尚懵懂的自己。

路通了,方便了乡民,汽车也开始从城里小心翼翼地开了过来。朴实勤劳的村民们慢慢开起了民宿、做起了"农家乐",给匆忙的城市人一个慢下些脚步的地方。

大山的滋养,似乎只要那么一刹那,就能让人放下心中所有的不安。

小柔又一次带着山村走出去的那些年轻人再度回来,她在两座山头之间架起了缆车,在那个小山头建起了观景台,把原本那个简陋的教室建成了一所学校。

这里不再贫穷了,或者说,是一种知足的幸福。

路,是一种力量,也是一种希望。

她看着这一切,笑成山头那一朵温柔的映山红。这辈子最幸福的事,就是踏上了这条路,并且把它走到底。

"一条大路,它通东西,两边有树不高也不低。"不知什么时候开始,这首歌来来回回地在不大的小村里回荡着。

很多孩子骄傲地戴着红领巾,一如当初,那样欢喜地围着她。

"老师,我们将来一定要做和你一样的党员。"

她想起了当初自己入党的时候和孩子们相同的那份炽热,今天是党的 100 岁生日。她笑了,她为孩子们欣慰,也为未来欣慰,更为党欣慰。

她的头发有了些许花白,眼睛却一如当初那个自己一般,清纯明净,并且,或许是常与大山相对视的缘故,更加深邃了。

上海市川沙中学　王卓璇

这是一篇构思精巧、文笔细腻、寓意深刻的佳作。"她"是谁,文章始终没有正面交代,但在行文中,"她"的身份、职业、年龄、内心世界慢慢呈现。与此同时,贫穷的山村、天真充满期待的孩子们、朴实的人们的形象也跃然纸上。本文的亮点在于"路"的精妙构思,它是一根纽带,连接着"她"与孩子们、孩子们与外面的世界、贫穷的过去与幸福的现在、年轻时充满疑惑不解的"她"与日见苍老却更加坚定的"她"。"路"又是一种象征,象征着希望,象征着力量,象征着越来越好的人民生活。高一的同学,能有如此构思,颇显功力。

指导教师：顾红艳

路

　　其实,面对这次疫情,我一开始并没有什么实质性的感受,或许是因为死亡离我还太过遥远,我还很难将那些跳动的数字、逐渐蔓延的红黄色与无数人的生死相连。我并不太清楚死亡是什么,对于他们身边的人又意味着什么。大概是因为我是一个"幸福"的人,还没有经历过生离死别。

　　由于疫情,我们的寒假延长了许多,面对遥遥无期的开学日,我的内心深处甚至多少萌生过类似于庆幸的情感。我知道这是一种自私卑鄙的想法,但还是屈服于人性中的冷漠。大部分时候,我都在家中和同学愉快地聊天。直到有一次,她整整一天没回我消息,我当时内心是那么的慌张无措,我不断地给她发消息,期望着得到她的回复。她以前也有很久不回我消息的情况,但是这次我为什么会那么紧张呢……我直到那个时候,才猛然意识到这个时间的特殊性。想到这一点,我的担忧就如止不住的杂草疯长。我第一次开始认真的思考,或许也可以称为发呆。

　　我是一个幸运的人,出生在一个和平的年代,疾病与伤痛没有在我的经历上烙下痕迹,我也没有什么特别的人需要哀悼。真是平静的生活,平静得近乎麻木。我开始试着想象此刻有许多许多我不认识的人正慢慢归于尘土。或许我们曾经见过,在某座山上的凉亭里曾一起休息,在某个小镇上的同一个小店里喝过豆浆,或在某条平凡至极的大街上我们曾经擦肩而过。我想起,原先旅游时遇到的一对老夫妻,说来有缘,竟在庐山顶和黄鹤楼上两次碰到。我不记得,我们都聊了些什么,但记忆里仍感觉他们一定是十分温柔和善的人。想起曾经在一家民宿里遇见两个在南京路开饮食店的大哥哥,他们做了饭菜邀我们一起吃,虽然不记得具体的味道了,但是真的好吃。还有那次在青海雇的司机……这些陌生的有缘人,不知道他们还都安好吗?我不清楚他们现在身处何方,过着怎样的生活,甚至记不起来他们的样貌。还有那些和我的生活从未产生交集的人,我不清楚有多少,我也完全不了解他们。只是想到我们有着同一处安身之所就不由得悲伤。百分之三点六的致死率，说多不多，说少不少，谁知道谁会无意间一个不小心被抽中，就此陷入无边无际的黑暗。

我翻看着那一篇篇来自抗疫前线的报道，明明是发生在千里之外的事情，却总会引起无力的自责。我帮不上任何忙，连在楼下当一个测体温的志愿者，都没人能放心地托付给我，虽说作为学生，首要任务是学习，做好自己力所能及的事才是最重要的。可是如果我再大一点，再成熟一点，是不是就可以去保护他人了呢？原先一直以为自己长大了，成人了，可以独当一面，但事实上我还只是个需要大家保护的孩子。疫情一直不见好转，银红取代了松绿，赤红覆盖了银红，地图倒是彻底成了一只红公鸡。看着地图颜色逐渐加深，有时我会担心，中国真的能撑下去吗？

听说因新冠病毒而亡的人死前如溺水状，虽然没有溺水的经历，但我想那一定很痛苦吧。或许死后真的有天堂，但是去了天堂就回不了人间，回不了故乡了。于是有的人明明痛苦地想要一了百了，却因为还有重要的人，未完的心愿，抑或是什么也没有，只是单纯地爱着这片土地，想要活下去，再多看那么一眼，而硬生生地抑制住了安乐死的念头，抱着希望顽强地在夹缝中活下去。我不清楚在我过着安逸的生活时，已经有多少人离开这个美好的人间，也不知道有没有人能在若干年后仍记起他们。不得不感慨生命实在是太渺小，如蜉蝣之于天地，一粟较于沧海，实在是太脆弱，如风中烛火，沤浮泡影。但正是因为其在大自然面前的渺小无力，脆弱易逝，才会被人歌咏敬畏。想要活下去，让他人也活下去，这样的念头愈发强烈，于是打破了不可能，创造出了奇迹。

很快，我收到了开学的通知，似乎一切又开始步入正轨。我从未如此期盼开学，或许是自私地害怕随着时间的推移，身边的人也会消失。似乎开学让我有种心理安慰，让我感觉不会再有什么差错了，不会再有谁离开了，同时也逼迫我将所有精力集中在即将到来的中考上，无暇顾及其他。

在积极备考期间的某一天，我收到一个手工包装的小礼物，里面装的是一串带有一枚金色钥匙的项链，我有些惊喜。看地址是来自英国，是我父亲的外国友人Fandy寄来的，以前我父亲和我带他去杭州玩过。父亲说那是友人的回礼，他在5

月份给友人寄过口罩。父亲说现在外国口罩紧缺。啊,对啊,我们暂时安宁了,可国外的疫情却完全没有好转之状,一切都还没结束。感谢我们总是被一些勇敢的人保护得好好的,也希望那些远方的人都能平平安安。F 他承诺过要等我高中毕业以后让我父亲带我去他那儿玩呢……我将包装纸认认真真叠好,夹在了一本书中。

或许我对未来的担忧不过是杞人忧天。开学后的一节道德与法治复习课上,我偶然听到"自信"这个词。以前也知道,只是再次想起来却有些不同。中国是世界上仅存的四大文明古国之一,有着悠久历史。每次遇到民族存亡危机,感觉好像跨不过去了,可最终都"幸运"地存活了下来。古巴比伦、古埃及、古印度都渐渐没落了。或许是因为绝佳的地理因素、政权的稳定、人口优势、农业大国,我想这更是因为我们的文化,凝聚了春秋战国诸子百家之精华的文化。它以其独特的凝聚力,让我们在被异族侵占时避免被抹灭。经历过几番兴衰、多少存亡危机的关头,伟大的祖国都挺过去了,西方列强的瓜分,与日本侵略者的战争……是的,中国都挺过去了,也使我们更团结了。

对于未来的人来说,这次疫情怕是历史上微不足道的一颗尘埃,虽说残酷,但死去的人最多也不过化作史书上的冰冷数字。不过我相信,那是因为我们还不够强大,还没有强大到可以铭记下每一个名字。在北方,抗美援朝战争的烈士遗体正在进行交接,忠魂终究会回归故里,一切都在好起来。相信自己,相信党,相信祖国,因为未来可期。我们要走的路还远着呢,一切不过是刚刚起步。

上海市川沙中学　包悦源

2020 年,这一年所走过的路,每一个中国人甚至是世界上绝大多数国家的公民,都刻骨铭心。本文作者能直面疫情、直面生死、直面自我。文章真实地记录了"我"在疫

情中的成长,从最初的冷漠到对身边人的担忧,从庆幸自己生活的平静到对远方陌生的有情人的牵挂惦念,到因无法献出自己一分力量的自责,甚至流露对死亡的恐惧,但文章并没有就此悲观下去。返校复学后的专注,道德与法治课上对祖国传统文化的骄傲,对强大祖国未来的信心,细腻真实,有感染力。路,富有深意,既是自我成长之路,也是伟大祖国日益强大之路。

指导教师:顾红艳

党之雄起

"闲云潭影日悠悠,物换星移几度秋。"从 1840 年的鸦片战争开始,到 1921 年中国共产党的正式成立,最后再到如今 2020 年突如其来的新型冠状肺炎疫情,历史一再证明,只有中国共产党,才能救中国!

✳ 1921 年前:问苍茫大地,谁主沉浮

由于"闭关锁国"政策以及长达两百多年的内忧外患,鸦片战争结束以后,无能的清政府只得签下屈辱的《南京条约》和《天津条约》。

从此以后,西方列强开始毫无顾忌,对中国发动了多起不义之战,肆意地瓜分了中国领土一百多年之久。

在国家灾难深重、民族危亡之际,鉴湖女侠秋瑾为了责任,为了担当。"万里乘风去复来,只身东海挟春雷"。她学成归来,渴望能够让神州大地再度回春。

就在那一年日俄战争在中国的土地上爆发,无耻的清政府竟然宣布"局外中立",让日本人和俄国人在中国的东三省发动战争,肆无忌惮地撕裂神州,东三省的无辜百姓也因此妻离子散,无家可归。东三省也就这样被俄国和日本先后占领,宁不可悲乎!

有志之士怎么可能会"肯使江山付劫灰",怎么可能会让中国的大好河山在日本和俄国的肆虐中化为劫灰呢!

但诸位仁人志士没能意识到应立足于人民群众,孤身奋斗的结果可想而知。

✳ 1921—1949 年：欲与天公试比高

中国共产党的建立,吹响了推翻三座大山的集结号,救亡图存的奋斗,无数革命先烈抛头颅,洒热血,去夺回那一寸又一寸的土地,让这无比壮美的神州大地,重新迸发出它原有的光芒与荣耀！

可我们今天真的还清醒地记得这锥心之痛吗？"忍看图画移颜色,肯使江山付劫灰。"国人与同胞们啊,千万不要忘记这伤痛与血泪！

中国共产党一鼓作气,在 1949 年夺取了新民主主义革命的伟大胜利,建立了中华人民共和国。中国人民迎来了一个崭新的时代！

✳ 1949—2021 年：数风流人物,还看今朝

新中国成立以来,特别是改革开放以后,我国各条战线捷报频传,在党的坚强领导下,如今的中国已经傲然屹立于世界东方。

2020 年暴发的新冠肺炎疫情,我们中国为什么可以在很短的时间内聚集各方人才赶往抗疫前线,为什么可以在很短的时间内为武汉备全抗疫物资,又为什么可以在短时间内建好"雷神山"和"火神山"两所分别可容纳 1 500 和 1 000 张床位的传染病医院？

因为党一声令下,"众志成城,抗击疫情",全国上下一条心,一盘棋。

而这次最难能可贵的地方是,上至国家领导,下至普通百姓,各尽其责,把人民生命安全放在第一位。"疫情上报第一人"张继先女医生和中国工程院钟南山院士等诸位干将并没有因疫情严重而退缩。那种疫情当前,舍我其谁的担当精神;那种大敌当前,横刀立马的"不服老"的英雄气概令人动容！

同时,就在我们难以发现的角落里,有人驻守大门,拉起横幅,测温验证;有人走遍街口,叮嘱居民不要出门;有人奔波在外,为隔离在家的居民送菜送粮……我们为此感动！

我们看到了抗疫英雄们"沙场秋点兵"的壮观阵势,我们看到了奔赴疫区的队伍中有六成是"90后";我们看到了医护人员"黄沙百战穿金甲",浑身湿透,脸上被划出一道道"疤痕";更是看到了他们的凯旋。我们为此肃然起敬!

这是人民的胜利,这是先天下之忧而忧的民族文化的胜利。这不仅仅是我们人民的荣耀,更是我们国家的荣耀!

不仅如此,党还提出了"两个一百年"奋斗目标,下定决心要打赢脱贫攻坚战,帮助各民族贫困群众实现共同富裕。

✳ 2021年—未来:风物长宜放眼量

一转眼,党的100周年生日也即将临近,现在回望走过的历程,才知道"风景这边独好",我们生活在如此和平美好的环境中,是何等的幸运!

从1840年起,中华民族饱受西方列强的侵略、凌辱,到如今战胜疫情、勇斗西方强权无赖、在重大国际事务中发挥积极作用,凭的是什么? 中华民族近百年来,从积贫积弱到全民脱贫实现小康,凭的是什么?

凭的是自强不息的奋斗精神,凭的是以天下为己任的责任担当,凭的是一方有难八方支援的互助合作,凭的是服从全局听党指挥的大局观念,凭的是实事求是的科学智慧;凭的是集中力量办大事的社会主义举国体制,凭的是优秀传统文化赋予的化解各种危机的智慧,凭的是适合中华民族发展的理论指导,凭的是中国共产党的坚强领导。

我有幸经历了2020年,纵观全球风云翻卷,我深深体会到:中国共产党是全中国人民的靠山! 只有中国共产党,才能领导中国人民,战胜一切天灾人祸,从胜利走向胜利!

壮哉伟大的人民! 壮哉伟大的祖国! 壮哉伟大的中国共产党!

然而,展望未来,我们必须意识到中国的发展依然还存在重重险阻,必须意识到人类命运共同体的建立才是时代趋势。正如伟大领袖毛泽东所言:"风物长宜放眼量",我们不能着急,不能骄傲,要沉着应对,紧密围绕在党中央的周围,听党的话,跟党走。唯有如此,我们才能拥有更加灿烂光明的未来,才能拥有更加辉煌强盛的国运。

上海市大同中学　张兆赢

《党之雄起》选择了四个时期来勾勒党诞生的背景、建国大业、建设发展、美好未来,就像一部情节紧凑的四幕剧,牢牢抓住党的百年历程,重点突出党的辉煌成就,始终将党的发展和国家命运、人民福祉紧密联系,显示了作者的宏观视野和赤子情怀。更有意思的是,每一个时期都有一句诗词作为点睛之笔,都出自伟大领袖毛泽东的诗词,一方面表达了作者对伟大领袖的崇拜敬仰之情,另一方面也寄托了对我党百年伟业的赞颂。也许,区区一千余字,难以尽显党的百年伟业,但循着每字每句去读,那些熟稔的历史早已深入人心,也不用过多解释。

最后,说一下文章的标题。"雄起"一词似乎有点口语特色,不够庄严;但较之"崛起",它又多了几分活泼和生气。所以,最后还是保留了这个标题。雄者,雄壮也;起者,崛起也。纵观我党的百年历程,不正是如此吗?

指导教师：宋士广

桥

为何中国有着"基建狂魔"之称？这是因为在新中国成立的短短 71 年间，依靠党的英明指导和中华民族的强大力量，中国人民在荒无人烟的山谷中开辟出一条条维系中国情的铁路隧道，在白浪翻滚的江河之上筑起一道道连接中国梦的桥梁。

我先说说外婆家的桥。桥的这头，是日新月异的松江镇；桥的那头，曾是闭塞落后的小乡村。两地中间夹着一条又宽又长的黄浦江，过去它阻隔了近在咫尺的人们——表面上，浑浊的江水缓缓流淌，可江底暗流翻涌，激得江上轮渡时不时发出悲鸣。终于在 10 年前，这里造好了桥，通了车。

外婆家在新浜，是曾被阻塞的乡镇之一。幼时去外婆家，要通过高速公路绕好远的弯道，通过拥挤不堪甚至经常堵塞的小路，以至起个大早却要太阳当头才能到达。那是一个能真切反映费孝通先生在《乡土中国》中提及的"乡土社会"这一概念的地方，生活安定、历世不移，社会发展止步不前，几乎没有人想着走出去，更没有人想着走进来。自从桥通了车，每每乘着父亲的车奔驰在通往外婆家的路上，我都能看到黄浦江的桥上川流不息的车辆，望着熙熙攘攘的人们挤在新浜刚开放的荷花池旁，我不禁会心一笑，这桥，建得真好！

这一座桥的背后，是中国共产党为乡村基础建设付出的巨大努力，它使人民生活便利、使国家实现经济飞跃。为中国人民谋幸福，为中华民族谋复兴，是党的初心与使命。不论是在岁月静好之时还是危机来临之时，中国共产党始终领导着人民一步步走向美好与希望。

岁月静好时，总有人替我们负重前行；危机来临之时，全国人民万众一心。新冠肺炎疫情暴发初期，正值春节团圆时，本该是家家户户围坐一桌吃年夜饭的日子，因为人民的需要，因为党的召唤，万千医务工作者奔赴医护岗位。那时的我，坐在餐桌前,看着新闻镜头里那一张张疲惫的面庞,眼里心里满是震撼和钦佩。法国哲学家阿尔贝·加缪在《鼠疫》中有言:"大家同患难,无论是肉体还是心灵,都经历了一段艰难的空白,一段无法弥补的流放,一种从未满足的饥渴。"这是面对灾难来临时的勇气和能力,在寒冬过去后的春暖花开时节,疫情终于在国内得到有效控制。重新回到校园,站在操场上,伴随着高唱国歌的声音,注视着五星红旗冉冉升起,我想说:我爱你,中国!

从小就喊着"爱国"的口号,可小时候懵懵懂懂,终究是不太明白"爱国"的意义。如今,我明白,爱国不仅仅是文天祥的"人生自古谁无死,留取丹心照汗青",也不仅仅是鲁迅先生弃医从文拯救旧中国时的一腔热血,它更是每一个普通的中国人心里油然而生的民族自豪感,那是一种看着五星红旗升起时无法抑制的热泪盈眶的爱。

我爱你,爱得深沉。因为在这儿,在这个美丽的中国,我能在危机来临时看见万众一心的高尚力量,我能看见无数人为了实现中国梦而努力奋斗的模样。

党用"中国梦"将14亿中国人的心连接在一起,就像那座桥一样,就像那全中国的千千万万座桥一样。

上海市松江第二中学　陈　笑

本文行文清晰,语言轻灵自然。从首段广义的关乎"中国情""中国梦"的桥的界定,到切身感受到松江新浜镇的家乡之桥的便利,进而到疫情中的"负重前行""万众一心"的民族精神的阐释,无一不是"党的领导"这一主线的串联。一句"都经历了一段艰难的空白"将全文推向巅峰,道出了在党的领导下疫情得到有效控制这一生活意义的

高度,赤诚的爱国情感喷薄而出。首尾圆融,末段又升华了桥的广义价值。经典事例和哲理素材点化入文,文章过渡自然,文意畅达,展现了良好的文学素养。

指导教师:王健

事不避难者进

2021 年 7 月 1 日,伟大的中国共产党成立有 100 周年了。这是一个伟大的日子,是一个所有中国人民都该铭记在心、为之振奋的日子。

这 100 年,中国共产党带领着中华儿女们攻克一项又一项难关,从中华人民共和国建立到确立社会主义基本制度,党在发展中学习,在实践中进步,在困境中迎难而上,在历史的洪流中不停歇地谱写奇迹,让一项项"不可能"变成现实。

中国共产党的伟大精神并非一蹴而就,更非昙花一现。回顾 2020,"新冠肺炎疫情"成为年度热词。这又发生在决胜全面建成小康社会的关键之年。中国共产党同时面临着这两大艰巨的任务。在困难面前永不退却,是党和人民经历无数这样艰难的困境后,展现出的崇高品质。

越过困境的办法只有一个,那便是解决困境。

突发的新冠肺炎疫情蔓延至全国各地,中国共产党快速开始动员全国上下,有序组织领导人民共同防疫,从疫情暴发之初的世界"重灾区"到现在"世界上最安全的地方",中国在果断采取措施、快速查找传染源、迅速隔离救治感染者等方面向世界诠释了"中国速度"。世界卫生组织总干事谭德塞在第 56 届慕尼黑安全会议上表示"中国采取的措施为世界争取了时间",他在总结中国抗疫经验时说,"中国发现疫情、分离病毒、测序基因组并与世卫组织和世界分享的速度之快,令人印象深刻,无法用语言形容"。就是这样的中国速度,就是这样顽强无畏、勇于奉献的爱国情怀与斗争精神,让中国人民在无望中创造出了希望,在困境中抓住成功。中国共产党的领导方向正确而坚定,共产党人在这样的组织领导下始终保持较高觉悟。这份觉悟在每一个在疫情前线与幕后的奋斗者身上体现出来。疫情暴发后,有一群人毅然决然地乘上了前往武汉的逆行列车。在抗击疫情的众多感人肺腑的人物中最具代表性的钟南山院士,便在这逆行列车上。这一班班列车所承载的无数的光与热，正如炬火一般炽热的决心，在逆行者身上热烈地燃烧着。这是中国人民面对生死困境时的担当，更是共产党员在面对未知困境时体现的觉悟。这份觉悟，不是随时为了战胜困难而做出无谓牺牲的决心，而是能通过理智的思考与快捷的行动，在前途未卜的黑暗中为中华民族的远大前程开辟一条光明大道的坚定意志。

这样的事迹，是新中国建设历程中的时代传奇，更彰显出值得当代青年歌颂铭记的时代精神。我有一位有着深切爱国之心的朋友，她的理想是改变中国。为什么要改变中国？"改变中国"这简单的四个字具体来讲，是改变中国当下社会精神层次的欠缺。我曾觉得这样的理想对于一个高中生来说太过高远。而在我认真思考中国社会的精神层面后，我意识到这种"欠缺"的产生与每一个人都有关。而最能对此现状起改造作用的，便是学生。无论在哪个时代，学生永远是党坚定意志和伟大理想的重要接班人。学生肩负着改变时代，为党的领导接读智慧与力量的重要使命。在庆祝中国共产党成立 95 周年大会上，习近平总书记创造性地拓展了党的十八大提出的中国特色社会主义"三个自信"的谱系，提出要坚持"四个自信"，即道路自信、理论自信、制度自信、文化自信。其中，"文化自信"便是创造性拓展的内容。文化自信是对中国特色社会主义文化先进性的自信。这一定义内容为上文提到的"欠缺"做出了解释，新时代的大背景下，我国在其他领域方面卓有建树，成果累累，而对文化自信的重视有所下降。信息时代，我们在快节奏的生活中心浮气躁，常常知难而退，做事时又往往"常于几成而败之"。我们在这躁动的时代里遗忘了最基本的精神支柱——中华传统优秀文化。其中便包括了中华民族精神。每一个时代都有其特有的时代精神，而我们当下所处的时代发育出的便是抗疫精神——生命至上，举国同心，舍生忘死，尊重科学，命运与共。对于学生来说，从中汲取可作用于学习与自身发展的便是由此延伸出的伟大斗争精神。学习需要有这种顽强坚定，知难而上，勇于攻克自身短板，使自己不断进步提升的态度和意志力。党对时代的引领作用具体到每一个人身上，学生，更是其中主要的组成部分。

毛泽东在《沁园春·长沙》中写道，"到中流击水，浪遏飞舟"；习近平总书记说，"志不求易者成，事不避难者进"。这激励着广大青年拼搏奋进、埋头苦干，彰显青年的青春蓬勃力量。

听党话跟党走,热爱中国共产党,热爱伟大祖国,为祖国贡献自己的力量与智慧,为党为祖国注入新时代的青春活力,是我们作为一名新时代的新青年应该牢记于心的责任与觉悟。而这份意志与使命将永不消逝,在2020,在2021,在新时代,在当下,在未来。是你,是我,是青年,是中国人民,我们在每个历史时刻,在这世间的每一个角落都如同不灭的炬火般永恒地散发并传递着中国共产党的光与热。

上海外国语大学附属大境中学　马肖婷

本文作者立于建党100周年之际,关注时代热点,以"抗击疫情"为切入点,深入挖掘了中国人民之所以能够迎难而上的原因——在中国共产党领导下所形成的坚定信念和意志。在此基础上,作者又阐发了对于时代精神的理解,并结合自身经历和体验,倡导青年一代在新时代坚持"四个自信",发扬知难而上,勇于提升的精神。全文凸显了"事不避难"的勇气和"到中流击水"的自信,体现了青年学子的责任和担当,语言流畅有气势。

指导教师：董玮

青年！青年！

2021 年，我们即将迎来中国共产党成立 100 周年。回望这百年，一代代共产党人前赴后继投身共产主义事业，尤其在 2020 这样特殊的一年，我们不难发现后起青年们的力量不可轻视。

在我的身边，就有一个真真切切的例子。作为 1995 年生人，我的表哥是一位青年党员，也是一名医学生，他的工作地点并不是大医院，而是社区，他总是笑侃自己的人生经历过于平凡。当时的他并不知道，在 2020 年，像他这样的医护人员有多么重要。从境外病例开始增加之后，他就立即被安排到隔离点进行工作，主要工作就是从机场接入境人员，然后送至作为隔离点的酒店，14 天为一期，在这 14 天里，他需要每天给入境隔离人员测量体温，解决他们各种各样的需求。全程他都要穿戴防护服进行操作，夏天高温的时候考虑到使用空调会有交叉感染的可能，他与他的同事们硬是穿着防护服每 4 小时轮一次班。到目前，因为有阳性病人的出现，他已经紧急做过好几次核酸检测。

五六月份的时候，全国开始逐渐复工复产，学生们也基本复学。人们对疫情已经逐渐放下戒备，不少人下半年的生活已基本上恢复了原状。人们并不知道，其实境外输入的压力依然很大，正是有这样一群人，依旧坚定地防守在第一线，为的是守好我们的国门。我感到很光荣，我的家人正从事着这一工作。据我表哥说，隔离点的工作人员里大多数是党员。百年风雨中，党员总是走在最前，从前是这样，未来也还会是这样。

暑假的某一个早晨，我看到了表哥发的一条朋友圈，配着一张日出的照片，时间是早晨 5 点钟。"昨晚 12 点有个入境被观察人员急性胆囊炎，连夜带去医院，3 点才拿到 CT 报告，还好不严重，忙了一夜，赶上日出。"照片里，清晨的阳光温柔地抚着大地，我想，这阳光也正抚着他这个大男孩的心。

后来在与他的交流中,他详细告诉了我那一夜的经历。午夜 12 点,他值班时突然接到消息,9 楼一位不久前回来的华侨腹痛难忍,情况十分紧急。接到消息他马上穿戴好防护服,进入病人的房间。"他当时已经疼得在床上翻滚了。"表哥轻描淡写地描述了一进入房间的场景,事后回忆虽然显得很平静,但我还是觉得这样紧急的情况换作任何人都会慌张。随后他给那位病人先做了初步的检查,询问他吃过的东西,最后根据部位初步判定是胆囊炎需要到医院进行治疗。他以最快的速度向上级打报告申请,经过允许后,他帮助病人穿上防护服,和他的同事们开车把病人送到最近的医院。闷热的夏夜,防护服里面的衣服早就全部被汗水浸湿了。夜深的小镇,所有人都在睡梦之中,一切都是那样宁静,只有他和他的同事们带着那个病人,焦急地穿梭在诊室之间,"我们扶着他做了一个又一个检查。"凌晨 3 点接到 CT 报告,急性胆囊炎但不是非常严重,挂水后可以回隔离点。"挂完水之后她还是很疼,不愿意回去,我们就陪着她等到了天亮再回去的。"

表哥微笑着告诉了我这段故事,脸上洋溢着青年所特有的活力。在不为人知的隔离点,像表哥一样的青年党员默默地付出着,在他们的身上,我看到了未来,新一代的共产党人正在冲上前线,中国的未来正慢慢地传递到这一代青年人的手中。

作为 00 后的我,在这次新冠肺炎疫情之后也产生了一种责任感,展望不久的将来,我也将作为青年力量为国家发展做出自己的努力,和同龄人们一起成为新的青年力量。想到这里,我不禁感到很激动,老一辈人守护我们的成长,为我们提供了良好的成长环境,不久的将来我就要通过自己的力量来回报他们。

回顾百年历程,党员们总是冲在为民付出的第一线,党员们总是最先去思考中国的实际情况,想着如何解决实际问题。在发展进程中,一代代青年成长,奋斗,现在的老党员们曾经也意气风发,他们为国家奉献了自己的一生,值得他们欣慰的是,源源不断的,有着雄心壮志的青年人正洋溢着青春的热情投身中国共产党的事业。因为这些年轻的力量,中国充满了活力与希望。

表哥只是这些青年中的一个,但只从他身上足以看到这一群青年人的共同特点。25 岁的生日,表哥是在隔离点过的,这一年的大部分时间,他都在隔离点中度过,防护服成了他今年穿过最久的衣服。写这篇文章的时候,2020 年即将结束,

2021年就快到来，表哥告诉我，元旦，他也还会在隔离点工作。不过我相信，2021，一切都会越来越好。

青年！青年！青年的力量正在为中国的未来，为这一时代奋斗打拼，我们不禁感慨，未来可期！

上海外国语大学附属大境中学　程冯佳

本文作者以个人视角，从身边熟悉的亲人身上感受党员在关键时刻体现出的先锋模范作用，以小见大，真实感人。写法上叙议结合，既有简洁平实的描述，又融入了作者的感受与思考，内容充实。

指导教师：余澜

请笃信一个梦

请问：如何在 10 天之内建成一座总面积 3.39 万平方米的建筑？

3.39 万。如此大的规模，在许多人眼中，短短 10 天之内完工是不可能完成的任务。但实际上，我们做到了。1 月 24 日设计方案完成，1 月 29 日建设进入病房安装攻坚期，2 月 2 日正式交付，这就是武汉火神山医院的壮丽诞生。

火神山医院的建设，其背后凝结了上千名工人不分昼夜的付出与汗水。你可曾想过这一场景：戴上黄色的安全帽便是发令枪响，一场乍一看几乎望不到终点的马拉松，中国队用了 10 天，中国队只用了 10 天。

1 月 25 日，大年初一。有些人抬头仰望夜空中的点点白银和绚烂花火，有些人在腾腾热气的桌前同家人一道吃着晚饭其乐融融，但有些人在默默无闻中闷头扒着又干又硬的凉饭，也顾不得吃相，只为了加紧建设的脚步。以天为被、以地为席，悄悄地靠在一边小睡片刻再继续工作。

然而不论是病毒还是时间都没能给建筑工人们喘息的机会。继"火神山"后，很快地，又矗立起一座"雷神山"。而在抗疫期间贡献最为重要的专家之一钟南山院士，更是带领人民一步步走向生机。东方大地朝阳升起，祛除一切污秽邪祟——于是乎有了这样一句话："火神山、雷神山、钟南山，三山镇妖魔。"

抗疫方面，中国无疑是全世界处理疫情方式最有效、最优秀、最根本的国家之一。但倘若我们将目光放得再长远些——当今中国正处于百年之未有大变局，党一路带着我们浩浩荡荡奔向光辉未来。正如政治书上这一句话："中国从东亚病夫，到站起来、富起来、强起来了。"初次读到还是在初中，历史课讲近代史时听得也懵懵懂懂，只觉得心里勃发着些蠢蠢欲动的情感。而现在，我知道了鸦片战争时忍下的屈辱，知道了甲午战争时全线溃败的绝望，知道了抗日战争时无数条牺牲的性命、无数声发自灵魂深处的呐喊……

然后，中国就从东亚病夫，到站起来、富起来、强起来了。

1921年，中国共产党成立。为践行马克思理论、实现共产主义，共产党义无反顾地肩负起中华民族伟大复兴的责任，为国家"站起来"埋下了伏笔。1949年，中华人民共和国成立，直接推动古老落后的半封建半殖民地步入社会主义阶段，人民得以从长久以来的痛苦与压迫中解放。

30年后，邓小平拉开了改革开放的序幕，党和国家的工作重心也转移到了经济建设上。在邓小平理论、"三个代表"重要思想与科学发展观的指引下，中国经济走势大好，为实现国家富强、人民富裕奠定了基础。

而现今21世纪，中国建设飞速发展：2017年，在诸多科学家的不懈努力下，世界首台光量子计算器在中国诞生；2018年完工的港珠澳大桥，被业界誉为"新的世界七大奇迹之一"，更是桥梁界空前的"珠穆朗玛峰"；2019年建成的北京大兴国际机场获得了数个"世界之最"的称号，不仅面积大，也是全球首座双层出发、双层到达的航站楼，全球第一座高铁从地下穿行的机场。这飞速发展背后的原因，正是党紧跟时代脚步，在新时期提出了一系列治国理政新战略，鼓励创新，引领发展。中国人民正逐步走向富裕，逐步走向美好生活。

这一颗颗闪烁的明星背后，是一颗颗鲜红火热的中国心。

何以治国？孟子主张"施仁政于民"，孙中山讲"天下为公"，马克思说"共产主义"。而中国共产党的根本宗旨——为人民服务，正是以人民为中心，一切为了人民的基本，正是治国安邦最稳定、最根本的方略。《我和我的祖国》里唱道："我和我的祖国，像海和浪花一朵。浪是那海的赤子，海是那浪的依托。"我们背靠祖国，因此我们得以抬头挺胸地正步向前走。而国家也正是由千千万万的人民汇聚而成的，万变自不离其宗，得人心者方得天下。

实现中华民族伟大复兴，听上去如此渺远，就像是在10天之内建成一座总面积3.39万平方米的建筑一样。

但这并非痴人说梦啊！

我们梦的是华夏，一首5000年的不朽赞歌。未来，这首歌将传承下去，昔日定下的一个个百年目标也定会在党的领导下一个个地实现，化作五线谱上的音符，留一串动人心弦的余音。锲而不舍，金石可镂。我们永不言败，永不屈服，抬头挺胸地走下去，贯彻党的红色路。

我相信我们能走下去，我们能问心无悔地走下去！

请笃信一个梦——那正是壮丽、宏伟而热血的中国梦！

上海市第二中学　陈　一

本文以新冠肺炎疫情期间迅速建立起来的重症医院为起笔，自然过渡到医院的建成是在党领导下全国上下众志成城的缩影，见微知著。而后陈一同学对自己在书中看到的一句话进行深入思考，并以此为线索回顾了中国共产党自建党以来带领中国人民走向光辉未来的伟大历程。祖国日益强大，文中对未来也有所展望：在党的领导下，挺胸抬头，脚踏实地，定能实现中华民族伟大复兴。本文对建党百年来的辉煌成就，有回顾、有展望、有思考，立意深刻，逻辑清晰，文采斐然，可以说是一篇文质兼备的文章。

指导教师：徐梦琪

青　春

青春因时代而永恒。

我在学校的啦啦操课上，任由思绪飘向远方。

我想象着，白天鹅女孩抬高了她的头颅，羽毛织成的发冠像是一对展开的羽翼。洁白、干净、漂亮的女孩们，蓬松、雪色、柔软的芭蕾裙。她们被要求保持优雅的仪态，收腹、挺胸，流畅的身体曲线在冷色的光下，晃动出轻微的弧度。纤尘在阳光下飞舞，金发的男孩扮演着王子，碧色的眼睛好像贝加尔湖心那片辽阔的蓝。他冒失地跌了进来，撞散天鹅，裙摆上下晃动，白影斑驳，年轻的姑娘在咯咯笑，混乱中，白天鹅和她的王子悄悄在耳边交换着 Я люблю тебя.（我爱你）。

回到现实，我脑袋上顶着满满一瓶康师傅绿茶，也被我的老师要求收腹，挺胸。仪态训练，瓶子不许掉。我们有 22 只水瓶，颤巍巍地立着，不停地有水瓶掉落。我自然地联想到了以上那个洁白的画面。教室里播放着的背景音乐是久石让的 Summer，我是一个容易被音乐带动感情的人，我突然就在舞蹈房，窥见了一点青春的影子。

我们在这里练习，放松，欢笑，休息，拿着单词本叫着政治历史还没背完，在瑜伽垫上偷懒，在整队的时候咬着耳朵讲悄悄话。聊喜欢的男孩儿，聊疫情，聊高考。这是 2020 年我们的青春。

我又想到《芳华》中，那一代人的青春。文工团，也有女孩子们踩着阳光下的纤尘在练功房挥洒汗水，也有那个时代的少男少女在晚休时的小巷恋爱，在食堂把饺子都分给心上人吃，山东的少年骑着自行车驶过夕阳，飘起来的绿色挎包露出毛主席语录，偷偷给爱慕的上海独唱女演员手里塞块儿进口商店用外汇券兑来的巧克力。

浪漫又天真，炽热又坚定。少年不曾变过，那份青春的心情也不曾变过。

但那一代的少年又是不幸的。双手沾满鲜血的小护士3天没有合过眼,辗转战场或死或伤的年轻人不计其数。伟人离世,"文革"结束,万人流离失所般地离开文工团。那一代人的青春更为不易,他们承载着历史的重荷,负重前行,走向一个他们无法真正融入的新时代。他们心上的每一道伤痕都来自旧时代,青春停留在1970年代。

所以我们常说青春值得回味,因为它在恰当的时期,和恰当的人,发生了一段永不可回溯、只可在时光中追忆的故事。

刘瑜说,当青春的浓雾散尽后,便裸露出时间的荒原。

我说,青春会走,但情会留下。追忆与感念会留下草的种子,树的年轮,来年,又是一片摇曳春光。

我说,所有从1953年走到现在的人,那一段青春,是一段永恒的时光啊。那时的人,信仰着跟着党走,过好日子,一声号令,就勤奋质朴地为自己创造幸福生活。新中国成立,一化三改造……改革开放。时代打下的烙印,是一生全部的追忆。

在21世纪的当下,少了战火的硝烟,物质生活也得到极大改善,当代中国青年们也拥有着前所未遇的家国文化氛围。我们,同样是风华正茂少年时。

2020,中国飞速发展。

天宫,天眼,一带一路,人类命运共同体。

疫情,防疫,局势逐渐稳定,等到春天初绽笑颜。

坐在教室里的我们,已经被科技兴国、大国崛起、中国梦所环绕。

属于我们时代的青春,已经缓缓开启。

每一个奔跑着、拔节着、生长着的少年,心里都悄悄地埋好了一颗家国信仰的种子。

它会自然生发,我们只需要拥抱,并且将蓬勃的生命力注入其中。

……

许多人在他们少年懵懂时所看见的春光,窥见的生机,悟出的情思,可能会随着时间推移,如同黄河长江般一泻千里,再不复还。

也许很多年以后,我们不会记得,在十六七岁的年纪所思考的内容,但这份珍惜信仰的情感,足以陪伴我们走过一个又一个春夏秋冬,在每一个春天都能想那些我们起曾经拥有过的,和未来等待我们去开拓的。

每个人都会被时代打下烙印,而新时代的爱国文化氛围,就是能够让我们铭记一生的自豪烙印。因此,懵懂的青春会成为一生的记忆,一生的奋斗都会带着如青春般的美好。

春光正盛,勤思谨记,信仰不灭,青春永驻。

同济大学第一附属中学　沈令祎

作者由电影《芳华》引发遐思,类比电影中的一代年轻人与当下年轻人,同情上一代人的艰辛与坎坷,向往曾经的辉煌与热血;进而对自己的青春和当下年轻人的使命,有了更充分的认识和感悟。本文以一腔真情为主线,贯彻着作者诚恳深切的思考。行文细腻动人,个性而不刻意,流畅而不板滞,显示了较好的文字功底。

指导教师:虞宙

一次外滩夜游引发的对话

　　这天晚上，吃过晚饭，和朋友一起来到外滩闲逛。天气不错，又是个休息日，来来往往的行人络绎不绝，四面环视，整个外滩被绚烂的灯火勾勒出来，热闹非凡。

　　倚着栏杆，与东方明珠隔江相望，眼前的景象，不管见过多少次，都是那么震撼。"真想不到 30 年前这里还是一片桑田啊"，我不禁感叹道。"确实。"他背靠着栏杆，凝视着浦西一侧绵延的老建筑群，与此同时，钟声响起，给喧闹的环境增添了几分厚重。

　　"到底是怎么做到的呢？"起身，沿着江畔缓缓而行，我不由得自言自语道。

　　"按政治课本上的说法，当然是我们国家在党的领导下以经济建设为中心，坚持……"他说道。

　　"背书谁不会啊，但总感觉这话说得好遥远啊，总觉得这就是书上的概念，很难把它和生活联系起来。包括'两个一百年'奋斗目标，听上去很厉害，但好像很难说出具体表现在什么地方，一直说 2020 年是关键的一年，但今年和去年相比，又有什么变化呢？"

　　"你看你，明显就没有细细观察过生活，而且你的想法角度本身就有问题。"他的语气似乎带点嫌弃的意味。"说是把今年当作一个节点，但改变肯定不是今年一年突然发生的，而是渗透在了之前的每一年，每一天，每一时，每一秒。而且，不是只有平地起高楼才叫改变的，真正与我们生活息息相关的改变，总是润物无声的，小到路边新栽的一棵树，小区里增添的四类垃圾桶，都可以算是改变，是我们的生活变得更好的体现。"

　　说着，他往浦东的方向指了指。"你看，那边的一片高楼，当然不是一次性建成的，东方明珠，金茂大厦，上海中心，一个接一个，汇聚而成，所以尽管每一年与前一年相比，这里的变化不大，但 30 年下来，这里成了如今的模样。而正因为每时每刻的改变,这里才有如此蓬勃的活力。"

"蓬勃的活力又带来了飞速的发展,"我接上他的话,说道,"如果把咱们国家拟作一个人的话,那肯定是活泼勇猛,一往无前的,就像我们一样。"

"是啊,不过你知道吗?"他又若有所思地环视着周围,行人们或驻足留影,或悠然步行,沉浸在外滩的魅力中。

他眨眨眼,说:"其实对于咱们国家,我最敬佩的,倒不是发展得快,而是它真的做到了'以人民为中心'。即使能有如此繁华的景色,即使拥有总量世界第二的GDP,但今年的关键词依然是'脱贫',作为领导力量的党从来没有放弃过任何一片欠发达的土地,实现的是共同富裕,你不觉得这种团结很浪漫吗?"

"这不就是兼济天下之志嘛,"我恍然大悟,"我好像,知道答案了。"

"嗯?"

"我一直在想,国家的发展靠的是我们每一个人,但究竟是什么推动着党,推动着我们能如此满怀激情地奉献自己的力量呢?或许这是作为中华民族的我们血液中流淌的东西吧,千年以前,儒家的学者写下'修身、齐家、治国、平天下'之观,奉命于天下的大一统思想深入每一个人的心里,穿越千年,未曾改变。整个民族共进退、共荣辱,永远团结一心。这中华民族的精神,是我们无尽的力量源泉。"

"有一分热,发一分光。"

"在你,在我。"

再看一眼车水马龙、人来人往的外滩,这是一幅厚重的历史画卷,而我们踏下的每一个脚印,都是在书写这壮阔的史诗。

上海市位育中学　岳修身

小岳同学这篇文章,能够从真实的生活场景出发,从时间、空间等不同方面观察了上海浦东和整个国家的变

化,体现了 00 后一代对社会发展的思考。更为难得的是,他联系到了我们社会发展取得的巨大成就的深层原因——青年个人对国家的使命担当。在中华传统文化中,"修身、齐家、治国、平天下"是读书人追求的理想,而今的年轻人,也在传承着这样的文化认同,以实现国家富强、人民幸福为己任。文章语言活泼、情感真挚。

指导教师:刘倩倩

脊　梁

　　上海地铁 2 号线,连接着上海东西枢纽和航空港,搭载着生活在这座城市的居住者们,往来于各自的目的地。我们能安心地乘坐地铁,心里没有对疫情的恐惧,都是由于身后有无数的人默默付出。

　　当结束一天的运营后,这些地铁列车都会驶入浦东龙阳路基地进行安全检查。

　　王立贵是一名普通的地铁保洁员,也是一名优秀的中共党员,他于 2003 年开始从事地铁保洁工作,至今已有 17 个年头了。

　　黄色的安全帽,黑色的工作服,荧光黄的警示条,一条粗大的腰带吊在他 56 岁的身体上,腰带上挂着他的清洁工具——喷壶、各种大小的刷子、清洁剂,等等。这些就是他每天晚上工作的"行头"。衣服与头盔上写着"地铁物业",这 4 个字对他而言不仅是工作,更是一份使命。心中的"为人民服务"不仅是口号,更是一份义务。

　　晚上 10 点到翌日凌晨 4 点是王立贵的工作时间,但由于要消毒,他现在每晚 9 点就得开始工作。当人们开始沉浸于夜晚的寂静,撸串、刷剧时,王立贵就像上海市的蝙蝠侠,默默地守护着上海居民的交通安全。

　　25 辆 2 号线地铁列车,200 节车厢,1 600 排长座椅,11 250 个立柱扶手和 10 000 个吊环是王立贵和他的队伍每天打交道的对象,每个人要负责 20 节左右车厢。保洁员们每清洁一辆列车,得整车走上 3 个来回,共 1 200 米。

　　2020 年 1 月 21 日开始,王立贵的工作就多出一项消毒任务,在接下来的一个多小时里,30 多斤的大型喷雾器是王立贵的劳动工具。工作前,他还要戴上护目镜,换上 N95 口罩,穿上防护服才行。他的右手不停地摇动手柄,左手拿着喷洒管,仔仔细细地喷过车厢每一个角落。起初他还能闻到空气中的消毒水味,时间久了也闻不到了,护目镜里永远是朦朦胧胧,充满汗水与潮气,护目镜外则是浓浓的消毒水。汗水没过几分钟就会从灰白的头发上滴落下来,大颗大颗挂满脸,这种状况王立贵要维持一个小时,这靠的不仅是毅力,更是心中的责任与担当。

起初他还是挺害怕的,毕竟人来人往的列车上到处都是细菌,王立贵也是人,他也有过退缩,他明白他有选择放弃的权利,但他更明白他有着不能放弃的义务,他是一名党员!党员就应该奔赴一线,去默默守护人民的岁月静好,所以他有了逆流而上的勇气,有了敢于和家人说明情况,敢于当人流纷纷涌向家的方向时,留在上海,望向人流,击个掌,说出"我来!"的勇气。

"我来!"这一定是王立贵心中回响最多次的话,你问为什么?因为他想做个英雄,承受住难以承受的,才能歌唱自己想歌唱的。

平凡的人却干着不平凡的事。在上海这座繁华都市的霓虹灯下,基层工作者们默默维护城市安全运行。除了王立贵,还有很多人放弃新年回家的团聚,选择留在异乡,为陌生人默默付出,做着他们的英雄。

4点下班后,过20分钟第一班列车就要出发,继续搭载着这座城市的居住者们,往来于各自的目的地,驶向下一站——平安。

基辛格曾经在《论中国》中写道:"中国总是被他们之中最勇敢的人保护得很好。"是谁保护中华民族一路走来呢?是火神祝融吗?中华民族永续光明的火炬不是掌握在火神手中,而是掌握在一盏又一盏彻夜通明的白炽灯下,一位位普通的基层工人和无数朴实可爱的逆行者们的手中。

一丝善念,一份勇气,聚小流以成江海,汇成了一句又一句:"我来!"就是一个个夜以继日、埋头苦干、献出自己渺小力量的普通人,用自己单薄的身影,挑起了中国的大梁,成为中华民族的无名英雄。

上海市育才中学　邬君毅

作者选取了在疫情肆虐这个特殊时期,一位最普通的

地铁保洁员,用他一天工作的细节,以精确的时间点和一串串震撼人心的数字,彰显了一位普通共产党员在"我来"背后的担当以及大爱。"小中见大",一个人背后是一群人,一群人背后是共产党员无私奉献的精神,这种精神,就是国家和民族的脊梁。而作者温暖的笔触,温情的目光,对"他们"的关注,令人欣喜赞叹!

指导教师:姚文艳

百 年

✳ 序

100 年,这是漫漫历史长河中的一瞬间,一个伟大的民族就在此刻觉醒并崛起。

✳ 第一部分

额温枪的显示屏闪烁着绿光,36.2℃,我小心地把这个数字记录在一张小蓝卡上。这是学校为防疫而下发的测温卡,要求学生每天填写。我望向窗外。已经立冬了,清晨的窗玻璃上似乎氤氲着一层雾气。平日里熟悉的楼房,莫名显得庄严而肃穆,它们在渴望着第一缕阳光。我低头看身边的闹钟,显示 6:30。这个世界正在苏醒。

今天是 2020 年 11 月 8 日。新冠肺炎疫情,这团不知从何时开始就一直笼罩在中国,乃至世界上空的阴云,仿佛正在逐渐消散。我曾看到新闻中说,中国经济恢复良好,二季度为二十国集团中唯一正增长国家。放眼望去,马路上已恢复了平日的熙熙攘攘。我骄傲,我感恩,我在中国,我是中国人!

2020 年本就是全面建成小康社会的收官之年,突如其来的疫情也昭示了这注定是不平凡的一年。2021 年则是建党 100 周年。站在时代的交汇点,我想,我们有必要回头看看我们的先辈走过的路,从而激励自己,并把握前进的正确方向。

✳ 第二部分

"那时候苦啊,日本人就用烧红的铁块来烫你,对……还好共产党来了,新中国后来成立了,就好起来了……"

这是爷爷的父亲讲给爷爷的故事。

记得小时候,爷爷领我看电影《建党大业》,一幕幕都让人印象深刻:青年毛泽东一听说前来招兵,便一下子跳了起来,头发才刚刚剪好,其报国救国之心,就是这样真切、热切;在监狱门口,李大钊撑着一把黑伞,接出了陈独秀,两位为北大学生的演讲,也令我热血沸腾。这就是老一辈共产党人的精神!中国共产党就是在这样一群人的领导之下建立起来的!辛亥革命之后,北洋军阀的混乱统治之中,在巴黎和会的屈辱之后,在西方政治制度移植难以救中国的惨痛教训之中,先进知识分子觉醒了,中国工人阶级登上了历史舞台。直至 1921 年 7 月 23 日,中国共产党第一次全国代表大会在上海召开。

然而前进的道路才刚刚开始,中国处在被日本帝国主义侵略的困境之中。但是,中国人民已经醒来了,我们有着顽强的意志,坚定的信念。在中国共产党的领导之下,中国人民勠力同心,经历 14 年艰苦抗战,终于将中华民族的主权重新掌握在中国人民手中!

"没有共产党就没有新中国!吃水不忘挖井人啊……"爷爷说。

✳ 第三部分

时间回到 1949 年 10 月 1 日。在天安门广场,千万人正瞩目着主席台的中央。五星红旗升起来了。随着猎猎作响的国旗上升的,是 4 万万中国人民内心的希望。他们之间有工人,有农民,有战士,也有普通老百姓,他们都期待着主席宣告那一句话——

"中华人民共和国中央人民政府今天成立了!"

掌声如海涛,礼炮长呼啸。这是中国共产党、也是全中国 4 万万人民内心最崇高、也最朴实的理想:中国从此站起来了,中华儿女从此站起来了!受欺压、受凌辱的时代已经结束了!

纪录片,应该是历史最好的载体。过去的事情,一桩桩、一件件,鲜活地出现在眼前,叫人心潮澎湃。老式黑白电影的画面颤动着,发出嘶嘶的杂音,我的内心久久不能平静……

此刻,这个百年已经走过了一半。可是,刚刚建立的共和国还不能安宁。1950年,帝国主义的战火烧到了我国的边疆。寒风凛冽,炮声隆隆,火光冲天。30 万志愿军战士,在武器、后勤保障远远落后于敌人的情况下,毅然端起了枪,冲向了朝鲜的战场。飞虎山下炸弹呼啸,没有吓退志愿军战士们的勇气;长津湖畔严寒肆虐,不能封冻中国军人的意志力。中华儿女用钢铁般的意志和生命,挡住了侵略者的进攻,鲜血染红的每一寸土地,都是战斗的地方。

抗美援朝,为中国换来了和平与安宁,换回了世界人民的尊重。这场立国之战,宣告着中华民族不可能为人欺压;宣示着中国神圣不可侵犯!

这就是中国共产党领导下的新中国!屹立在世界东方,充分展示了一个新生社会主义国家强大的凝聚力和战斗力,展示了一个历经百年磨难的民族期待实现伟大复兴的坚强意志!

没有共产党,哪来新中国,怎有现在的国家富强、民族振兴、人民幸福!

✳ 第四部分

"要听党话,跟党走……"

爷爷从小便这样对我说。

我的爷爷是一个农民,通过自学成为乡村人民教师,也是一名党员。他从小教育我爱党、爱国。我的童年在老家的老房子里度过,就在他身边度过,爷爷那间房间给我留下了不可磨灭的印象。那是一间狭小昏暗的房间,靠窗的地方摆着一张书桌,玻璃板下面压着一张小纸条,写着:"作为一名共产党员,就要全心全意为人民服务;作为一名人民教师,就要全心全意教好学生。"书桌旁的书架上放着一排排教材、教案、笔记,有几本是翻破了,又小心用糨糊粘起来的。此外就只有一张老式的有围栏的木床,罩着青蓝色的蚊帐。挂蚊帐的竿子上挂着一个小小的挂坠,上面印的,是天安门城楼……

我知道,如今在中国大地上,还有着无数像我爷爷一样的共产党人,他们坚守在各个不同的岗位上,认真对待自己的工作,把每一天都活成为人民服务、为祖国贡献力量的样子。在先辈们的努力中,我国改革开放,实现了从温饱不足到小康富裕的伟大飞跃! 中华民族正以崭新姿态屹立于世界的东方!

我问我自己,是什么让中国共产党这个群体,历经百年,始终涌现志士仁人前赴后继,矢志不渝,如此无私? 我觉得,这是来自真正生命的觉悟,是一种强烈的认同感与使命感。要不,怎么说:"不忘初心、牢记使命"呢? 这正是党的伟大之处啊!

✳ 尾声

进入新世纪,我们面对着百年未有之大变局。疫情冲击之下,国际形势正风云四起,动荡不断。我们能坐在校园里,安心读书学习,真心感谢强盛的祖国。试问,当今哪一个国家,在疫情的冲击之下,还能保持社会稳定、经济发展?

哪有什么岁月静好,只是有人替你负重前行。过去的 100 年,在我们先辈的奋斗之下,中国已然创造了非凡的奇迹。下一个百年,正如毛主席所说:"世界是你们的,也是我们的,但是归根结底是你们的。"这是属于我们新一代中国青年的时代,需要我们去见证、开创、建设。

就此搁笔,书桌上的钟正指向 8 点半。窗外阳光灿烂,天地清明,初冬的风吹在脸上,我从来没有如此刻一般清醒,我的心始终如此刻一般火热。

华东师范大学第二附属中学　徐　忻　陈思源

本文作者将对党的历史的回顾设定在校园早晨第一缕阳光照射到大地的时刻，寄寓着"生机""光明""新生""辉煌"等不一般的意义，新一代、新时代、新征程的意义也不言而喻，由此让人感受到一种别样的庄严感觉。四个部分看似跳跃，实则深沉地传达出我们新中国的发展要靠新一代去传承、去建设的主题，正如作者所说，"这是属于我们新一代中国青年的时代，需要我们去见证、开创、建设"。立意庄严，激情澎湃，殊为难得。

指导教师：唐功亚

前方是星光，心底有火种

——读《伟大的开端》有感

我端详着它，封面是鲜艳却不张扬的红，中间印着白色的书名和中共一大会址小小的插图，背面是三行字：中国共产党从这里诞生，中国共产党人从这里出征，中国共产党历史从这里开始。一本书拿在手里，明明不厚，却沉甸甸的。

我从序与前言中得知此书是由解放日报社和中共一大会址纪念馆于中国共产党成立95周年之际共同编写的，全书由12篇与中共诞生及中共二大、四大相关的文章所组成。每篇文章既有严谨的史料作为支撑，又有翔实的细节引人入胜，使读者在回顾历史的同时真切感受到当年共产党人的蓬勃精神与强大力量。

回顾全书，有这样一段话在我心中激起了经久不息的浪潮：

"是的，在当时的中国，在上海，已经聚起了这么一群随时准备用自己的血肉身躯在荒野播种，随时准备掏出自己的心当火把，点亮着去照耀这个世界的青年人……"

此段文字出自《破晓之光》一文中对共产党早期组织诞生时期的上海青年共产党人的群像描写。"荒野"就是当时尚处于动荡混乱之中的神州大地，而"播种"意味着奋斗和开拓。在这群青年人中，既有当时年仅27岁已年少有为的毛泽东，也有敢于反对封建而写出《非孝》的施存统，还有许许多多没有留下姓名的无名英雄……他们在那个黑暗的时代为了祖国和人民的美好未来毅然站出来，用其宛若星光的才华与信念在历史的长河里留下了无数可歌可泣的战斗诗篇。

"种子在手，唯万里荒芜，或聚力不可逮，吾人肉躯堪当此劳否？"我可以想象出青年共产党人李汉俊在说出这句话时饱含着怎样的热情，他必是下定了决心要为共产主义事业奋斗终身啊；我也可以想象独自回到家乡翻译《共产党宣言》的陈望道在一盏油灯下是怎样夜以继日地工作而乐此不疲，以至将墨汁当成红糖吃下肚后仍觉甘甜;我甚至还可以想象到青年共产党人俞秀松在上海逗留时是怎样怀着一腔热诚决定投身到工人运动中去的……支撑着这代青年人对种种苦难毫不畏惧、甘之如饴的无疑是一份对于革命的坚定信念和炽热的爱国情怀。

我动容于这样的坚定信念和爱国热情,同时不禁由此联想到 2020 年暴发的新冠肺炎疫情。

在病毒最初肆虐神州大地的日子里,大家积极响应号召闭门不出进行隔离。街道上一片空旷沉闷。但在看似寂静的景象下实则浪潮澎湃:网上铺天盖地的都是宣传抗疫的文章、视频,而其中的创作者,大部分是青年;许多医护人员、志愿者们始终奋战在前线,为抗击疫情争分夺秒地工作,他们中间大约一半以上也是青年。90 后音乐人邓紫棋所创作的歌曲《平凡天使》向疫情中的逆行"天使"们表达了深深的感谢与敬意;由山东青年组成的"山海情"志愿救援联盟累计派出了青年志愿者 983 人次,他们每日背负着 50 斤的消毒设备在岗位上工作 8 至 10 个小时,只为在这场战"疫"中为祖国和人民献上来自青年的一份力量……而当疫情逐渐好转,从恐慌中回过神来的人们开始关注到了这些在疫情中担当重任的青年们,大家惊异于这些昨日的稚嫩孩童如何一夜之间变得成熟可靠起来,殊不知他们深藏于心的爱国火种早已在心底被点燃。

我不禁又想起了每逢收看国庆阅兵式时洋溢在每一张青春脸庞上的笑容,每一抹弧度都透露出骄傲与自豪;也会想起军训时观看红色影片时同学们流下的泪水,每一滴都包裹着尊敬和感动;更无法忘记如今疫情当前大家对逆行的抗疫战士们发出的热切赞颂,那是一份发自心底的崇敬与感恩……

原来,中国的英雄们从未缺席于我们的生活:不论是那些被人们铭记于心的国难当头时一代代共产党人的前赴后继,还是如今我们所能切身体会到的面对疫情时全民共克时艰的齐心协力,都在悄然间将大家心中的爱国火种逐渐点燃,正是这样一种为创建和建设新中国努力奋斗的强大精神力量激发着青年一代的使命与担当。原来,那些感动的瞬间早已深深印入了我们的脑海:事实证明,无数青年人在今朝,在疫情面前将心中的小小火种燃成了温暖而热烈的满腔热情,并将之化为实际行动,在生死攸关的时刻毫不犹豫地投入支援祖国和人民的大潮当中。回首而望，我发现这一簇簇的火种和当年那无边黑暗里的点点星光是多么相似啊，那是同样的血脉在天地间流淌着，一路高歌。

我想，或许在这个飞速发展、日新月异的世界里，始终未变的正是青年人那心怀祖国的赤诚之心。当年有震动神州的五四运动，无数青年志士积极投身爱国事业，不惜为此付出生命；而今疫情当前，中国仍有无数青年人愿意前赴后继，为祖国日夜操劳，不知疲倦。青年一代在如今这个科技发达、祖国强盛的和平年代，有着更加广阔的成长空间，我们始终不会忘怀的是回报给予我们成长助力的祖国。

就像如今我手捧着这本书，在回顾党的历史时会不禁心潮澎湃甚至潸然泪下，这些感动源自深埋于心的爱国火种。伴随我们成长的爱国教育早就潜移默化地将这颗爱国种子浇灌得苗壮生长了。我相信，不管是否意识得到，有些东西早已因日复一日的陪伴与影响而镌刻在了我们的记忆深处，其中大概就包括那种对祖国的无可替代且不可或缺的归属感。

循着《伟大的开端》的篇章，我更为细致地了解了党史。那些仿若星光一般的青年人用坚定的信念与满腔热情为我指引着前路的方向。同时，我更借此机会反观当代，欣喜地发现那些燃烧在当代青年心中的"火种"。我想，星光和火种也许正是一体两面的整体，既是在不同时代以不同模样被折射出的同一爱国信念，更启示着我们在看见那漫天星光的同时燃烧心中的火种，继续为祖国做出贡献，为自己的信念而奋斗。我想，是星光点燃了火种，它们是同一爱国信念的传承和延续。

前方是星光，心底有火种。愿所有中国青年都能在星光的指引下燃烧心中的火种。

上海市闵行中学　朱　越

小作者从个人的阅读经历和体验出发，用细腻的笔触带领我们回顾了《伟大的开端》中所记载的中国共产党创建过程中的感人故事。回望历史，放眼当下，联系到新冠肺炎疫情中一个个奋勇争先的青年抗疫英雄,作者感受到的是燎原的星火所点燃的爱国热忱与信念在每个人内心深处潜滋暗长。文章既契合建党 100 周年的主题,又揭示了百年风雨历程所带给当代青年的精神感召。语言质朴流畅,感情真挚,于字里行间展现了当代青年的拳拳报国之心与应有的使命担当。

指导教师:竺海燕

永不磨灭的梦想与爱

我们无法忽略"中国"这两个字所蕴含的深厚内涵，正如这建党以来筚路蓝缕终于将要焕发出热烈生机的第一个"百年奋斗目标"，又恰似那 5000 年薪火相传的中华民族精神中爱国主义浓墨重彩的存在，它们确为新时代青年带来了蓬勃力量。中国梦激励着每一个毛主席口中"八九点钟的太阳"的发热发亮，而这种华夏儿女最本质也最纯粹的爱党爱国精神一直深深镌刻在所有人心上。

✳ 中国梦·复兴

中国梦是一场梯山航海但不曾止步的跋涉。

习近平总书记说，实现中华民族伟大复兴，是中华民族近代以来最伟大的梦想。并且，"这个梦一定能实现"。这句朴素的言语，铿锵地回响在每个人的耳边；这颗希冀民族复兴的火热赤子心，也代表所有中华儿女的共同期待。

"只有创造过辉煌的民族，才懂得复兴的意义；只有经历过苦难的民族，才对复兴有如此深切的渴望。"于是，两个"百年奋斗目标"出现了，带着崭新而古老的抱负：无论是小康社会的全面建成，抑或是富强民主文明和谐美丽的社会主义现代化强国的实现，都紧跟党的领导，走在铸就中国梦的征程上，走向国家富强、民族振兴、人民幸福的新高点。

2019 年上映的《我和我的祖国》回顾新中国成立 70 周年，一则则改编于真实故事的短片引发了国人的记忆共鸣，震撼了无数观众的心灵。穿过银幕的 70 载栉风沐雨，我们看到庄严隆重的开国大典前无数工作人员的奔波辛劳；我们看到原子弹科研人员隐姓埋名舍小爱为大爱的坚守；我们看到香港回归之际中方外交官、仪仗队军人、港警在各自岗位的竭尽全力……影片落幕,灯光亮起的那一刻,我分明望见周围观众眼角的微红和眼神的明亮。

电影呈现的当然只是冰山一角,还有无数不为人知的付出如同星星之火,正细细密密地将要燎出一片光辉和热烈。而那"中国人民从此站起来了"的自豪,那为国忘家隐身于科研基地的家国情怀,那维护祖国统一的严谨明确……又岂止是角色的追求与梦想,而是全国人民对美好未来的向往;那份风雨兼程的热切渴求,是国家的梦,是民族的梦,更是所有中华儿女的梦。

"我的国家,依然是五岳向上。一切江河依然是滚滚向东,民族的意志永远向前。"余光中在《欢呼哈雷》中书写这样的豪气干云。百代腥风血雨,千载漫漫征程,走过绿茵花溪,也踏过枯骨万里,始终不停的是祖国的披荆斩棘、且歌且行。读到这样的诗句,我们难道不会被灌注一股民族复兴的澎湃自信,不会感受到中国梦的坚韧伟大和辽阔雄伟?

美国前国务卿基辛格总能体验到中国的日新月异。他所言不无敬佩:"现在中国正在进入一个新的时期。40多年前自己绝不相信中国能发展成现在的样子,而几十年之后,相信中国一定能实现这一目标"。2021年的今天,建党100周年指日可待,小康社会早已不再是空中楼阁。我也坚信,这是第一个百年,但以后一定还会有更多的百年、更热烈的前进和发展。

✳ 民族精神·爱国

民族精神是一面浓郁灿烂而永不褪色的旗帜。

江泽民在十六大报告中指出:"在五千多年的发展中,中华民族形成了以爱国主义为核心的团结统一、爱好和平、勤劳勇敢、自强不息的伟大民族精神。"爱国主义贯穿了民族精神各个方面,是中国人发于心底的激情,是脑海里坚定的信念,承载于中华民族不甘耻辱、不屈不挠、奋发图强的精神。

黑格尔说,一个民族有一群仰望星空的人,这个民族才有希望。我想中华民族生生不息的延续绝非一种偶然，是无数仁人志士用"以天下为己任"的爱国情怀塑造的，而这种情怀无论何时，都是各族人民风雨同舟、自强不息的精神支柱。

历史长河奔流不息，冲波逆折处更显壮丽。那些千回百转无法被冲淡的，是精神的凝聚、价值的沉淀；那些铅华洗净始终激励人心的，是国家的书写、大我的境界。因而我们能看到，因而我们能听到：陆游在示儿，屈子被放逐，炎武高唱"天下兴亡，匹夫有责"；启超在饮冰，嗣同在抗诉，鲁迅在呐喊，觉民绝笔"卒不忍独善其身"。这些人在路阻且长时，站起来怀着殉身之志；在天命赫赫时，站起来心生坚强希望；在众人无助时，将小儿女情怀汇聚成关乎全民族的大悲悯。历史的车轮辗转滚动，历史的硝烟化作千沟万壑的松涛和鸣，这样的家国情怀代代流淌绵延不止——最终凝聚成岿然不倒的民族精神。

少年周恩来不满足于燕雀之志，于是他抬头，在幽暗的迷雾笼罩着的祖国天空窥见一丝曙光，立志"为中华之崛起而读书"；青年钱学森早已成就斐然，身处国外始终心念祖国，于是他回头，看见步履维艰的祖国对于人才的燃眉之急，历尽5年终于踏上神州大地。无论何时何地，在中华儿女心中的价值天平上，祖国永远是最重的砝码。

而今，我们还能看到优秀党员李保国在太行山上的坚实足迹，35年如一日助10多万农民脱贫，百折不挠，砥砺前行；还能听到疫情之中的逆行者、共产党员毅然决然赶往前线时那句"武汉加油"的高喊，前赴后继，敢为人先……在颓景残垣，在危急存亡之秋，是一双双坚实的腿，踏出生气，踏出前路；是一双双有力的手，托起人民，托起国家。而14亿中华儿女共同肩鸿任钜，必将无远弗届。

"如果奇迹有颜色，那一定是中国红。"奥运会上来自中国的冠军披上绛色的国旗，国庆时大街小巷插满的五星红旗随着红歌飘扬，每每看到这抹亮丽的风景线，免不了总是潸然泪下。爱国主义、家国情怀正是这样一种对祖国的高度认同感和归属感、责任感和使命感；是一种"民之所欲，天必从之"的人文情怀，是一种"修身齐家治国平天下"的民族情怀。

在中华民族精神的和煦阳光和润物细雨下，爱国的激情、信念发芽、长大，结出累累硕果,也必将迎来下一轮励志的春夏秋冬。

✳ 少年心

少年心是民族赋予我们的坚定决心,是中国梦、中华民族精神的一面反光镜。

毛主席寄语中国留学生:"世界……归根结底是你们的。"习近平总书记深情落笔:"青年一代有理想、有担当,国家就有前途,民族就有希望,实现我们的发展目标就有源源不断的强大力量。"

青年英姿飒爽,气宇轩昂;敢闯敢拼,富有梦想。当谈到中国共产党艰苦卓绝的奋斗史,长征可谓其中璀璨夺目的一笔,然而鲜为人知的是,这场伴随中国革命事业从窒碍走向光明开阔的辉煌跋涉,其实正是始于青年足下,唱响的就是一阕青年追求理想信仰的赞歌。

当我参观中共一大会址,翻阅老旧的文献,斑驳的书页映上爱国青年们的凌云壮志;当我与同学们共唱一曲团歌,动听的旋律、自信的歌词鼓舞着我们的爱团爱党之情;当我穿过史书的纸张和无数英雄烈士对话,我大概能感知到自己逐渐沸腾的热血……

青年的责任与担当,关乎伟大复兴中国梦,关乎民族精神爱国情,关乎国运与未来。百年前,梁启超一句"少年强则中国强"至今仍激昂地回荡在每位少年心头。那时的中国挣扎于内忧外患的崩溃边缘——而百年后屹立于世界民族之林的中国已身处"百年未有之大变局",我们面前是千载难逢之机遇。不论是新时代提出的中国特色社会主义"道路自信、理论自信、制度自信、文化自信",还是"科教兴国"的政策推动,都是我们青年人拼搏的底气和动力、方式和路径。

"都说时代匆匆,但时代哪有脚,走的总是人。"《人民日报》在给青少年的信中如是说。百年目标进行时,我们这一代青年人,无疑站上了时代的风口浪尖。蓝图已然勾画完毕,中流击水的渴望令人心潮澎湃久不能息。我们的奋斗路程,是中华民族伟大复兴的实现轨迹,是民族精神的延续传承。我们要怀揣这份永不磨灭的中国梦与爱党爱国精神,足履实地,生毫末成合抱之木,起累土成九层之台,勇往直前踏出一条无愧于时代的人生之路!

上海市闵行中学　吕　艺

本文是一篇洋溢着青春热情的文章。中国梦是根植在每个中国人心底的梦,作者将中国梦分为三个篇章,由回顾到展望依次道来。

首先是"中国梦·复兴",只有经历过苦难的民族,才对复兴有如此深切的渴望,两个百年目标就是复兴愿望下的当下目标。作者由《我和我的祖国》入手,讴歌了无数富有家国情怀的中华儿女为实现中国梦执着追求、无私奉献的精神。第二篇章是"民族精神·爱国",作者列举了古往今来的仁人志士,用鲜活的事例,有力地证明爱国主义作为民族精神,代代相传,必将结出累累硕果。最后篇章"少年心"联系自身体验和感受,以饱满的热情表达了自己永不磨灭的梦想与爱。

如果能选取一条线索串联三个篇章,并结合自己个人的梦,会更充实更有整体感。

指导教师:魏菊闽

点点星芒　造炬成阳

✳ 过去的您

十里的魏塘纱，半丈的三林白；看不完的枫桥晚风屋角霞，听一耳三梁夜月的晓钟开。

亲爱的党啊，生日快乐！

还记得刚诞生的我，和年过半百的你——说来也巧，我与你生日在同一天。母亲是你，父亲是你；熟人是你，陌生人也是你。我看见形形色色的你，看见你的友善、你的爱，看见你对我无微不至的关怀，也看见除了人以外你的其他部分，了解到你的强盛。

我也听说了你的名字——中国。

还记得吴泾镇的那条泥巴路，那条坑坑洼洼的羊肠小道。我坐在车上，指着隐隐约约的村庄轮廓，用含糊不清的上海话喊："卫生盖、卫生盖！"妈妈的车开不进那土做的狭长身躯，爸爸只得将年幼的我抱下车。我们徒步走过了那几百米路。

那几百米，漫长得像地与天的距离。

也还记得那年我随父抵山西，交界处的路比起奶奶的搓衣板亦不遑多让。我在颠簸中吐了一路，最终没能去成。

后来你来吴泾镇基建，翻修了那里的路。在那几天里，厚如凝彩的晚霞下，你落满灰尘的身影占据了我整个傍晚的视野。那条路不长，只是用石砖铺满了泥土，但终于有一条路能让妈妈的车开入，我满心欢喜。

当然，你在山西沿黄公路修筑了新车道，我看到了照片。宽敞明亮，有凉亭，有观景台，有公共厕所。相片中烈日如炬，鳞次栉比的屋檐泛着明光。我一度无法将其与我脑海中的印象结合在一起,但我知道它是。忽然间,我发现,原来不只是我,你也在成长。

慢慢地、慢慢地,我了解到,先前那个满身泥泞的你,那个在鲜血里摸爬滚打的你,如今竟已让人刮目相看。你自信、坚韧、亲和而体恤,你在贸易战中不输气度,你栉风沐雨仍不失气魄,你改变了我的生活,而我也将改变你。

穿旧巷,过回廊,夜风透晚墙。我看见你的过去,一如你看见我的未来。

✳ 未来的您

千里的盘山路,半山的悬铃木;看不尽的高楼晨光向荣景,取一片七天青阳光华看。

党啊,一位年轻人愿您如松柏、如翠竹,欣欣向荣,四季常青,无畏地屹立于世界之东。

尽管世界局势风起云涌、令人忧心忡忡,我们和您一样坚定地相信:未来会更好。

婵娟、蟾宫、玉盘……这是我们自古以来对于月球的幻想。

在炙手可热的航天领域,您带领着我们的祖国砥砺前行。2020年12月19日,就在这一天,嫦娥五号任务月球样品正式交接,我国首次地外天体样品储存、分析和研究工作拉开了序幕,所谓的月球"土特产"将实现最大价值。能够涉足月球的国家有几个,能够完成"绕""落""回"三步走,安全着陆、返回、带回一抔珍贵的月土的国家,又能有几个? 这是千千万万科技工作者血汗的结晶,是无数人翘首以盼的突破,更是我等为之自豪、为之慷慨激昂的重大成功——但这背后没有您的引领、没有您的向导,哪来如此的瞩目成就?

那些颐指气使的旁观者,在赛博世界的角落趾高气扬地质疑着、指责着,他们不认为我们能够共同搭建这奔月的嫦娥般前往浩渺宇宙的精密机械。可是您怎么应对? 您依然不卑不亢——甚至,新闻报道中还幽默地称:月球土壤不能种菜。

接下来就开始解释为什么：与地球土壤富含微生物和有机养分不同，月壤不含任何有机养分，而且非常干燥。但好消息是：长期的太阳风给月壤注入了大量的氦-3，这是一种未来有可能进行热核聚变发电的清洁能源。月壤中含有 100 万到 500 万吨的氦-3，大概是地球含量的百万到千万倍级。而有研究显示，100 吨氦-3 所能创造的能源，相当于全世界一年消耗的能源总量。

尽管人类建造宇宙居住地的行动又加了一重困难，但我们的发现却是一个不小的推动力量。这将为后继者提供更多信息与理论依据。

我们的党，愿您长生！您依然在新时代的清风中砥砺前行，您没有忘记初心，您牢记着您的使命，您依旧是百年前一腔热血的您！

上海市闵行中学　李嘉绮　陈芷依

这是一篇饱含真情、有血有肉、诗意却不乏理性的颂赞文章。作者用"你"来倾诉对祖国母亲逐渐变强的惊叹，用"您"来表达作者对所见证的中国复兴与崛起的敬佩与期待。作者善于从近处从小处着眼，从生活中每日进出的一条小路的变化，看到中国基建的强大；也善于从远处从大处看到科技的腾飞。在面对对手的挑战质疑时，作者借新闻报道把专业的科学知识娓娓道来，字里行间呈现出了新一代青年不骄不躁、从容踏实、理性专业的素养，让人真心感到祖国的未来可期。

指导教师：邵英英

不负韶华振国魂

"恰同学少年,风华正茂,书生意气,挥斥方遒",昭示着一代伟人的青春。青年时代的毛泽东以改造中国、振兴神州为己任,少年志立,投入宏伟的革命浪潮,宣传真理,抨击权贵,他与天斗,与地斗,与人斗,做出了惊天动地的大事业,成为一代领袖人物。周恩来的"为中华之崛起而读书"更是青春的号角,激励莘莘学子为了青春梦想而不懈奋斗,为建设新时代新生活而贡献力量。改革开放以来,在中国共产党的领导下,一代又一代中国青年奋勇投身中国革命、建设改革大潮,为根本扭转中国和中华民族的命运而努力奋斗!正是他们怀着美好的青春梦想,撸起袖子加油干,在社会主义改革开放进程中继往开来,奋发有为,大放光彩。

我的舅舅,大学毕业后便进入体制内工作,他身边很多朋友听了,都羡慕地说:"好啊!工作稳定,日子清闲,早上一壶茶,手上一张报,无事就闲聊,下班还很早。"

上班以后他发现这完全是很多体制外的人对体制内的偏见与误解。他所看到的,是很多部门的同事晚上加班到深夜,甚至周末还在收报文件;他所看到的,是很多窗口的同事在柜台一坐就是一天,回复咨询、收件办证,连喝水上厕所都要抓紧时间;他所看到的,是很多基层的同事面对群众的诉求悉心帮办,受到群众的质疑时耐心沟通。这与我们以前的认知完全不一样。能亲耳听闻,我才有所体会,他们看似清闲,实则忙忙碌碌;看似稳定,实则充满挑战。因为他们面对的是群众,背靠的是国家,而这中间,就是日复一日平淡无奇的工作——体制内。

我们睁开眼,能看到五彩斑斓的色彩,却很少关注自然光透过眼睛到达大脑皮层重建图像这无比复杂的过程;我们迈开双腿,就能奔跑,但却很少体会从双腿到双臂、骨骼到肌肉如何协同发力挑战地心引力的原理。国家如同一部庞大机器,全世界乃至每一名乘客都只关注前进的速度与方向,而体制内,是那些最不起眼的齿轮与铆钉,是那些隐于深处的管道与电路,他们紧密配合,默默运作,国家这部机器才能有强大的力量，轰鸣前进。

"看似寻常最奇崛，成如容易却艰辛。"最平凡的地方，总有最惊人的波浪，最不起眼的过程，都蕴含着最艰难而稳定的信仰。历史如同江水，奔流不息，中华民族伟大复兴，仿佛已经快要冲在了历史浪潮那最高的一朵浪花上。这需要我们每一个中国人的不懈努力，然而，要协同汇聚包容这 14 亿人的力量，还需要坚定无比、大爱无言的坚实脊梁——中国共产党和她的广大党员，特别是年轻党员。

这是中国披荆斩棘在群山之巅，破浪前行于大海远洋的可靠保证。正是这一群普普通通的青年人，抵御着眼前世界灯红酒绿的诱惑，担负起国家强大和民族复兴的伟大使命，接过无数革命前辈献身国家的鲜红旗帜，毅然走上这一条看似稳定实则艰辛的无言前路，这真的是一种信仰。

谁不想攀登高峰，但总要有人坚守大地。像我的舅舅那样的体制内工作者选择的不是稳定，而是守护国家稳步前行。他们选择的不是带领国人飞出中国走向世界，而是希望无论谁飞了起来，落下来时，脚下的大地还在。

青年兴则国家兴，青年强则国家强。青年一代有理想、有本领、有担当，国家就有前途，民族就有希望。这是习近平总书记对我们青年人最殷切的期望和最动情的鼓励。

在中国民机制造领域，在过去很长一段时间里，关于独立自主发展中国民机制造业的思想一直不统一，出现了屡战屡败、屡败屡战的窘况。这令人心酸的一幕，终于在世纪交替之时被终结。中国是最大的民机市场，过去有人说造不如买，买不如租，如今这个逻辑要倒过来，要花更多资金来研发、制造自己的大飞机。发展民机制造业上升为坚强的国家意志。高新技术买不来，用市场也换不来。只能依靠自己的力量，付出坚韧的努力，通过薪火相传的积淀，培养青年人才，使青年人有航空报国的意识，才能摆脱落后铸就成功。众多怀揣着航空梦的青年人，在国家的号召下，投身于祖国的航空事业。历史新篇就此开启，经过多年努力，民机制造的弱态开始改变。

今天，当我们仰望蓝天时，ARJ21 正在云端飞翔。我们不仅拥有先进的国产涡扇新支线客机，同时也向世界宣告：我国初步具备了涡扇客机的研发、生产与适航能力,这是中国民机发展史上具有里程碑意义的事件。与 ARJ21 搭接,启动于 2008 年的 C919 大型客机的研制也在推进中,6 架样机现正在四地密集试飞。不远的将来,它们也将展翅高飞——和年轻的一代共同带领中国飞向高峰。

我仍想说:"国家兴亡,匹夫有责。"

因为,我爱我的国家,我愿国家强大。很多人把爱国看得高远缥缈,认为爱国轮不到"我","我"眼中也看不见国家。他们忽视了这样一个事实,我们往往深爱自己的故乡,深爱自己的母校,深爱自己的亲人,然而我们所有深爱的一切,都在这样一片土地上:她有最悠久的历史,丰茂的土地,勤劳的人民,包容万物的胸襟;是她给了我们归属感,让我们举头有明月,回首能望乡。因此,我必须爱她,才能对得起内心朴素真诚的灵魂。

曾言:"志之所趋,无远弗届,穷山距海,不能限也。"只有志向所至,无论大海之远,高山之遥,才终究能够达到。我愿意毕生奋起,不为安逸所困,不陷温柔之乡,不坠青云之志,只因不愿做那只温水中的青蛙,更不希望多年以后,身影对酌,一地梦碎。

是的,我们就像一只只萤火虫,心向星辰大海,但仍愿燃烧生命释放光芒,用最微弱却无比坚定的力量,在沉默中挺起中华民族伟大复兴那一段最硬实的脊梁。

我们可以肯定,中华民族伟大复兴的中国梦终将在一代代青年的接力奋斗中变为现实。作为一名共青团员,我要以毛泽东等老一辈革命家和新时代的青年楷模为榜样,永远牢记"青春是用来奋斗的"教导,放飞梦想,砥砺前行,书写出无愧时代的华彩篇章。

上海市华东模范中学　李承啸

本文选材有特色,无论是"被误解的体制内",还是"民机制造业",都是当下的热点话题。以此作为思考对象体

现了一个中学生关注社会,关心国事的大格局。

全文从回溯老一辈无产阶级革命家的艰辛奋斗,到观察当代青年工作者勇担社会责任,再回到自身反思应有所为;又分别从脚踏实地坚守本职和励志图强引领发展两个方面,深入阐述了青年人在社会进程中的重要作用。全文构思纵横相交,行文流畅,内容丰富。此外,本文开头在与舅舅的交谈中引发深思,又善用比喻,如身体机能协作发力、攀山破浪、萤火虫等喻体来阐发个体与国家之间的关系,语言也是亲切生动的。

指导老师:金琳

我的家与国，我看见了

又是一年新春来。我们终于冲破 2020 年无形之硝烟，开启新时代与新生活的起点。可曾想，同是家人团圆之佳节，有多少人的生命轨迹被一场突如其来的疫情，从此彻底改写。

我不会忘记，我曾看见本应车水马龙的街道，一夜间竟被一个个临时监测站点所占据；我曾看见，全国各地的医护人员，义无反顾地签名请愿奔赴灾区；我看见一个个年轻的灵魂，逆着人流而行，不计报酬，不问生死。古有《六韬》记：涓涓不塞，将为江河；荧荧不救，炎炎奈何。一批批白衣战士冲在救死扶伤的前线；一批批基层人员砥砺工作，虽国难当头，有大医精诚。我看见了，我的家与国，我眼中无私奉献的英雄们。

我也看见了，并无什么超能力附身的白衣天使，在他们褪去防护服时，也只是一群孩子。一批批医护人员，在面对记者问及远隔的家人时，眼中无不泛泪——身前是未知和无奈，身后是家人同胞，他们的选择，永远是勇为逆行者，冲锋在疫情阴霾密布的战场上。他们的身上，闪耀着身为医务工作者的荣光与熠熠生辉的品格。

我看见了，有一位不久前才入党的青年，不顾父亲的劝说，一心追随抗击非典烈士的党员爷爷，奔赴远方的火神山，成了志愿者。他在留给父亲的书信中写道：疫情当头，国家与人民需要青年人和党员带头抗击灾难，我没有理由退居后方——战"疫"有我，义不容辞。我看见了，一位 13 岁的姑娘骄傲地告诉来访的记者："我的妈妈在春节那天出发去了武汉，她是一名光荣的共产党员，她能撑起我的这个小家，也能撑起患者的一片天。"疫情当头，或许有人认为自己在这场战役中的作用无异于碣石填海，然而，可曾试想，筑起明日之大陆与高墙的，并非波涛汹涌的浪，而是一粒粒细小的沙。

年逾 84 高龄的钟南山院士,时隔 17 年再次临危受命奔赴抗疫前线,化个人的学识与力量为一束灯塔的明光。17 年前,他不惧权威而笃信科学,用勇气与理性改写了那年非典疫情的结局;17 年后,他再度身先士卒奔赴武汉第一线。我看见了,当接受采访时,提到武汉一定会渡过难关时,他的眼眶再次泛红。

作家加缪在《鼠疫》一书中曾写道:"灾难是无法预见的。"这场源自野生自然的灾难,因其迅猛与沉痛而将载入史册——然将与之一同隽永绵长的,是全国人民与英雄在党的带领下筑构起的守卫生命的万里长城。这道长城的砖墙稳固且屹立不倒,映出中国人民祖祖辈辈传承不息的团结精神。

这次抗击新冠肺炎疫情,让我深深触动的,是中华民族强大的凝聚力,也让我看见了中国共产党的先进性。恩格斯曾有言:没有哪一次巨大的历史灾难,不是以历史进步为补偿的。全国人民在中国共产党的带领下,疫情防控工作有序开展推进,强大的动员能力和组织能力,充分见证了中国特色社会主义制度和国家管理体系被有效转化为治理效能。我看见了,这样的中国,是属于英雄的中国。我想,所有在抗疫重任中牺牲的烈士,他们都是人民敬仰的对象,学习的榜样。

又是一年新春来。如今,硝烟虽未散尽,但终是千树万树梨花开,江山不负英雄泪。英雄的伟大,就在于以凡人脆弱的躯体,却始终秉持如神明般不可战胜的精神。我坚信,没有一个冬天会亘古不逾,没有一个暖春会迟迟未至。即将到来的新年钟声,回荡着过去一年中的抗击疫情的希望。在全国人民共同的努力下,我国病例终于将告清零。无需太久,春风便将吹散神州大地的阴霾,让被疫情肆虐过的广袤土地,焕发新的生机。

我期盼着,再次看见那一片国泰民安的春景。让过往的注视指引着明日的生死,我们终将发现,原来,属于华夏人民的国泰民安,就是车水马龙、人声鼎沸。

上海市曹杨第二中学　李易航

　　纵览全文，文章夹叙夹议，通篇离不开"疫情"一词，以家国情怀为文章基调，着重描写了市民、医护人员、政府职员等各路人士在中国共产党的领导下抗疫、战"疫"的故事。文章主题明确，语句通顺，立意深远。

　　细看文章内容，作者从"家与国"的辩证关系出发。首先讲述了各个街道间的防疫工作者面对疫情的英勇表现，并且，作者敏锐地观察到了这些抗疫者的行为背后的原因——身后的家人、同胞们的呼求，这正是"家国情怀"中"家"的精神的体现。此后，通过层层发问，作者指出了家由国来，"家"的精神的背后是"国"的精神，阐发了作者对于"家国一体"这一思想的深刻理解，具有启迪性。

指导老师：赵莉

那年,恍如凛冬

　　煌煌华夏,灼灼其华;凡世梦痴,青史浮世。上下五千年,中华大地从不缺仁人志士、英雄豪杰,他们竭智尽忠,舍生忘死,为国为民,肝胆照昆仑!无论是"男儿何不带吴钩,收取关山五十州"的唐代诗人李贺,"待从头、收拾旧山河,朝天阙"的南宋抗金名将岳飞,仰天长叹"人生自古谁无死,留取丹心照汗青"的千古忠臣文天祥,抑或是"我自横刀向天笑,去留肝胆两昆仑"的戊戌变法英雄谭嗣同,"寄意寒星荃不察,我以我血荐轩辕"的文学巨匠鲁迅,还是"埋骨何须桑梓地,人生何处不青山"的伟大领袖毛泽东,他们无惧凛冬的那段漂泊岁月,更无惧舍生取义的壮烈牺牲!

　　那年,是 1919 年。作为一战战胜国的中国,却在巴黎和会上被罔顾意愿强制履行不平等条约,列强视中国的国际地位于不顾。同时,国内当权政府的无所作为、内部矛盾重重,内忧外患之下,是中国人民的不甘与觉醒!亦如 1919 年 5 月毛泽东给恩师李锦熙先生的信中所说:"吾等独去,则彼将益即于沉沦,自宜为一援手,开其智而蓄其德,与之共跻于圣域!"

　　后来成为中国共产党创始人之一的陈独秀先生,那时就在北大一声呐喊,刊发自己主编的《新青年》杂志,"青年如初春,如朝日,如百卉之萌动,如利刃之新发于硎,人生最可宝贵之时期也!"这是他对中国未来的期盼,更是身体力行的呼号!《新青年》带来的影响唤醒了多少正处于初春朝日的中华儿女!五四运动的轰轰烈烈,不仅是对罔顾民意政府的反抗,更是民族精神的苏醒和崛起!

　　那年,是 1921 年。是中国共产党成立的那年。中共一大经历了从石库门到那艘嘉兴红船,成为凛冬之下那株傲雪寒梅,更是一颗颗星星之火,以燎原之势在华夏大地上燃烧起来,中国共产党就此以顶天立地之势在中国乃至全世界崭露头角。即便身处凛冬,又奈我何?哪怕是再厚的冰雪,也终究掩埋不住如火一般的生机与希望！

那年，是1927年。我党在南昌以壮士断腕之决心发动武装起义，打响了反抗国民党反动派的第一枪！自此，确定了实行土地革命和武装反抗国民党反动派的总方针。1927年亦不仅仅是秋收起义、土地革命的"累土"，更是我党第一个农村革命根据地——井冈山革命根据地的立足之年份。巾帼不让须眉的女战士彭儒，在井冈山一场最大胜仗——龙源口大捷之中，在七溪岭阵前怀揣手榴弹向敌人喊话，为战友们的进攻造势，配合攻势，最终获得胜利！正是这些"苟利国家生死以，岂因祸福避趋之"的星星之火，成就燎原之势，燃遍中华大地！而这，也终将融化凛冬的风雪！

那年，是1934年。长征伊始，我们的伟大领袖毛泽东在长征中打响了人生中唯一的一次持枪作战的战役——大柏地战斗，这场战役是我党撤下井冈山以来的第一场大胜仗。在朱德、毛泽东的领导下，借地形优势以伏击战术大获全胜，重拳打击了国民党反动派的嚣张气焰，助长了我军军威，更为长征的顺利奠定了基础。而后经年，无论是翻雪山，还是过草地，哪怕难以果腹、饥寒交迫却依旧秉持初心，砥砺前行，那闪烁在雪山之巅的光芒，是长征精神，是党的指引！

那年，是1937年。卢沟桥事变次日，我党通电全国："只有民族实行抗战，才是我们的出路！"哪怕只有小米加步枪，我们也不能后退一步，因为在背后，是我们的上海，是我们的四川，是我们的山东，是我们的江西……更是我们的中国！扶大厦之将倾，挽狂澜于既倒，战便战吧，无所畏惧地一往而前！纵使凛冬风霜，山河飘絮，我们，是万万共产党员们，更是万万中华民族的同胞们，不知什么是为五斗米折腰，不知什么是卖国求荣，只知道青山处处埋忠骨，何须马革裹尸还！

淞沪会战的失败没有使我们失意落寞，而是彻底粉碎了日军"三个月亡华"的狂妄企图；南京大屠杀的悲剧没有使我们萎靡颓丧，而是让我们化悲愤为战意，取得了抗战以来正面战场上的最大胜利——台儿庄大捷；日军的"囚笼政策"没有使我们弹尽粮绝，而是让我们共产党八路军发动了百团大战彻底打破了日军的"囚笼政策"。尽管凛冬已至，可无论怎样的黑暗，都不会是永远，清晨的光束，总归会裹挟着花的芬芳，普照大地……抗战的胜利结局最终无愧于那些逝去的烈士，无愧于先辈的传承,更守护了数万万同胞的家园。

因 1937 年国家内忧外患之危况而毅然投笔从戎的一位革命战士钱青老先生说道:"一条铁链、两个饭团、一个水盆、一堆弹壳,打 5 天! 如此作战,如此用兵,如此忍耐,如此坚毅,闻所未闻!""国有召,召必战,战必胜!"这就是中国精神! 这就是令后人景仰而不断学习的那最可歌可泣的时代精神!

那年,是 1946 年。最冷的冬天已经熬了过去,却并不代表结束,面对国民党反动派的穷兵黩武、奢靡自利,群众的眼睛是雪亮的。深得民心的中国共产党,最终与国民党军队展开决战,驰骋于辽沈、淮海、平津,取得了三大战役决定性胜利,进而解放了全中国。1949 年 10 月 1 日毛泽东主席在天安门城楼上向全世界庄严宣告:中华人民共和国成立了! 中国人民从此站起来了!

不忘初心,方得始终。我党在百年的历史发展进程中,推翻了三座大山,实现了人民当家作主。从 20 世纪 90 年代初的改革开放到 21 世纪 20 年代的现代化中国,在中国共产党几代领导人的正确指引下,中国人民过上了基本小康的生活,中国已经在全面崛起,现在正迈向全面小康,为实现社会主义现代化的世界强国而不懈奋斗。正所谓"从没有什么岁月静好,只是有人在替你负重前行"。中国共产党的发展史,不仅是一部前仆后继的血泪史,更是以服务人民为宗旨的奋斗史。

那年,是 2020 庚子年。凛冬,来得突然,未知的病毒席卷冰雪而来。未知,惊慌,害怕,霎时间死亡竟然近在咫尺。媒体报道中的武汉仿佛在几天之内黑云压城,人人惶然不知所措。难道我们就要这样任凭疾病蔓延吗? 当然不会! 党和各级政府迅速组织医疗团队赶赴武汉,不放弃每一位病人,不放弃每一个中国百姓! 政府无惧高昂的医疗费用,全免新冠肺炎患者的治疗费用。用! 用最好的! 只要能救人,在所不惜! 快! 当断立决! 在震惊世界的速度效率之下,火神山、雷神山两所大型方舱医院转眼之间拔地而起! 几个昼夜之间,全国范围内,多少白衣天使挺身而出,应援武汉;又有多少共产党员,带动广大人民群众捐钱、捐医用物资、捐粮、捐菜,真正是一方有难,八方支援! 又有多少工人得知要建方舱医院后,骑着摩托车或是蹬着自行车,无惧感染的风险,支援武汉,成为众人眼中的那些可敬可爱的"小黄""小绿""小蓝"……

正如钟南山院士所说：中华民族是一个英雄的民族，我们一定能挺过来！以举国之力，劲儿往一处使，无所畏惧，砥砺向前！疫情期间对"热干面""大盘鸡""炸酱面"的支持与鼓励，是在声声呐喊着：此生无悔入华夏！

时光荏苒，历史的时针已到了2021年，这是我们的中国共产党成立100周年的大喜年份，在这个多灾多难而有纪念意义的年份里，追忆往昔，步步皆不易。纵使，那年的那年，恍如凛冬，可是请别忘记：凛冬已尽，星河长明。

班固《汉书》有云：明犯强汉者，虽远必诛！千年中华看今朝，亦有周总理18岁时豪迈一言：为中华之崛起而读书！我们作为中华民族的新一代，不仅要为生于华夏而自豪，更应知道吾辈当自强！犯我中华者，虽远必诛！辱我国威者，虽难必报！我们年轻一代有道路自信、理论自信、制度自信、文化自信，更有伟大的中国共产党的自信！无畏今后未知的，如那年，凛冬！

上海市川沙中学　宋美霖

宋美霖同学这篇征文《那年，恍如凛冬》，主题明确，结构严谨，线索清晰，内容充实，语言优美。全文紧扣题意，突出了时代特征，有较强的象征意义。以标题"那年，恍如凛冬"为线索，按中国共产党百年发展历史进程展开有条不紊的叙述，取材精当，朴实感人，催人泪下，荡气回肠。作者视野开阔，文思顺畅，用词讲究，情理并重。尤其是首尾两段，前后呼应，脉络清晰，立意高远，文章整体构思与立意体现了作者良好的文史哲功底及选材组材的能力。

总之，这篇征文，内容具体，详略得当，较好地体现了当代中学生的丰富思想和真挚情怀,贴近中学生的学习与生活实际。作者关注历史人生,关注国家社会,关注民族命运,关注中国共产党的百年发展历史,有年轻人的朝气和担当,对当代中学生有较强的思想感召力,值得一读。

指导教师：张森生

争做新青年，展现爱党情

"他指给了人民解放的道路，他领导中国走向光明。"中国共产党，它跨越历史，永久延续，它经历土地革命、抗日战争、解放战争，在剑影刀光下发展壮大，带领人民走向独立富强。而我们作为中华儿女，应为有党的领导而自豪，传承中华文化，发扬党的优良传统。

如今，共产党已快走过100年的历程。100年风风雨雨，党与全中国人民同舟共济，凝聚力量，谱写中国新篇章。

✳ 改革开放是党的重大举措

40多年前，改革开放被正式提出。

30年前，浦东开始开发，而后，原来的农田变成了如今辉煌璀璨的不夜城。我看见平地上盖起了一座又一座高耸的大厦，一栋又一栋金碧辉煌的建筑，构成了浦东精美绝伦的美景图。我站在东方明珠观景台上，眺望远方，自豪感一阵阵涌入心头，在那一刻，我深切感受到了党的伟大，如果没有党所作出的决策，如今的浦东，如今的上海，不会发展得那么快。

20多年前至今，一条条地铁相继建成，连接着上海的东南西北。如今，去上学、逛商场，坐地铁似乎成了我的出行常态，地铁极大程度上方便了我的生活，让我更快更迅速地到达目的地。

高铁的发展也十分迅速。还记得，儿时去南京外婆家，乘坐的还是慢慢悠悠的绿皮车，要四五个小时，而如今，上海到南京的高铁开通了数条，仅需一个多小时便可到达。无数条高速公路也相继建成，一辆车便可穿梭于城市之间。

从新闻报道中我还看见了中国天眼建成、C919 试飞成功……这无一不表明中国科技开启了新纪元。

不敢想象,如果没有党的领导,那么如今的上海、如今的中国是否还是一片混乱,民不聊生呢?

只有在中国共产党领导下的中国,才会发展迅速,只有坚持党的领导,人民生活水平才会提高,我们才会过上越来越美好的生活。我为中国有共产党的领导而自豪!

精准扶贫是党的重点工作

5 年前,精准扶贫开始实施。

在党的领导下,脱贫工作在陆续展开。每每看到新闻中报道的那一个个增长的数据,代表着还未脱贫的人在减少,我的内心感到无比的震撼,为党正在一步步努力实现这个在当时的我看来是几乎不可能的目标而惊讶,由此更佩服共产党。

顺应党的重点工作,支付宝软件上也有献爱心捐款活动。在得知这个消息后,我会时不时地点进去,有时捐赠在蚂蚁庄园收集的爱心,有时做 1 元公益,为贫困地区脱贫献上自己的一份力量、一份爱心,哪怕微不足道。

党的领导改变了中国,让中国不再衰落贫穷,党带领全体人民渐渐走向共同富裕。精准扶贫所取得的成就进一步向世人证明:没有共产党就没有如今的新中国。我为中国有共产党的领导而骄傲!

防控新冠肺炎疫情是党的宗旨的体现

2019 年底,一场突如其来的新冠肺炎疫情席卷中国,本该热闹的 2020 年春节变得冷清，大街小巷早已不再喧闹，偶尔才能看到行人车辆的身影，一阵阵恐慌感正向人们袭来。

但就在这危难之际，党和国家一声号令，一方有难，八方支援，无数人挺身而出，组建起一支支援鄂医疗队，驰援武汉，白衣天使们多数为党员，他们听从党的指挥，共赴抗疫前线。而在这次抗疫中，有无数的90后也积极参与，他们的勇往直前正表明当今中国的青年力量是蓬勃的，是强大的！

我们正值青春年华，有着蓬勃朝气，我们更应该遵循党的为人民服务的宗旨，从小事做起，从自己做起。每当做出努力，我就会感到自己与党靠近了一步，感到欣慰。

中国共产党已走过近100年的历程，祖国也将从新起点出发。处在新时代的我们，要接过老一辈党员的接力棒，努力学习，使国家更上一层楼，越来越强大。而实现这一切的基础便是坚持党的领导，听党话，跟党走。

我们要心怀奋斗目标，砥砺前行，做一个爱党爱国的新时代新青年！

上海市格致中学　潘沛萱

伟大的中国共产党即将迎来100周年诞辰，而作为"新青年"的高一学生才16岁，要歌颂党、表达对党的热爱，难免会堆砌一些华美的辞藻，往高里写，往大里写，从而显得空。本文的作者却从自己的感受出发，列出了中国共产党最突出的"改革开放""精准扶贫"和"抗击疫情"三方面成就来写，而具体内容里不乏"高楼""地铁""高铁"和"支付宝"等这些在都市学生生活里司空见惯的符号。正是这些看似平凡普通的事物，让我们知道，爱国爱党并不是喊口号，而是能在自己的生活中细节里感受到我们的党

和祖国的伟大,那样的爱,才是真切而深沉的。这样的文章,也更能打动人。当然,如果能在"抗击疫情"板块里加入一些自己的所见所闻,文章会更有感染力。

指导教师:沈岚

长河无声奔去

"四史"学习教育时我意外地在电脑里翻找出建党95周年时作的文章,稚嫩的笔触写的是"新的时代给了我更美丽的家乡"。恍然意识到,新中国成立70周年,解放军建军90周年,如今,共产党建党将近100周年。炮火、斗争和鲜血,都隐在了时间的长河中。

但我想,对于100年前的人们来说也许并非如此。我对此最初的了解来自《我们的法兰西岁月》,孩提时代的记忆碎片里永远有一幕幕布上灯光闪烁出"1921年建党"的字样,以致后来的历史课上每每脱口而出。《岁月》没有直截了当地描述过代表齐聚时振奋人心的画面,它只是一个远渡重洋的消息,一颗星火,一个希望,但我却记得那句:"伍豪——中国共产党成立了,陈独秀任书记。"如今我意识到,这才是赵世炎最后握着周恩来的手,说"看中国,赤色红遍"时的底气。中国在苦难中挣扎着诞生第一抹红色,青年的热血和朝气扣响了孩童时代心中的一扇门。

初中时在松江,我加入了文学社,也常常去史学社"蹭课",老师偶尔会和我们谈起云间第一楼那一片发生的故事,侯绍裘的事迹也因此被提及。昔日同窗有一些因此而对现代史如数家珍。4年里我参加了不少征文活动,印象最深的还是刚入学不久后写的、后来为入校刊又改了不少遍的《我的家乡》,因为那抹红色在下笔时常常挥之不去,洇染成一片,明显又看不分明。

再之后就是读了高中。新年伊始看了春晚上的《渔光曲》,萌发了对舞剧的兴趣。彼时《永不消逝的电波》已经好评如潮,在舞台上,在演员凝练的舞姿和作为背景时隐时现的电波声中,重新展现了灯红酒绿的上海发生过的一场"谍战"——没有硝烟的战争。惊鸿一瞥,我从中感受到一种令人动容的东西,在旗袍舞安然出现刹那的前后贴着一场生死离别,于是我意识到胜利都是革命者用生命换来的,空中酝酿的是一场即将倾盆而下的红色暴雨。

然而看惯了大厦林立的上海，再不过也是旧照片中泛黄的民国气息，舞剧中一些看似无意的布置，却是要把人拉回20世纪弄堂里最平常的生活，仿佛触摸得到那些人生活时最本真的样子——确实如此，我看到烈士李侠也只是一个普通人，紧张的沉默敲击他时也正在敲击我。这大概是一个转变，我终于超脱出某种宏大的叙事，了解到个人在家国动荡中怀抱信仰时的样子。那是由一个个细节累积成爆发的时刻：我可以看到李侠从噩梦中惊醒，看到兰芬在扫地时习惯性地观察，看到李侠每天骑3个小时的自行车去上班，只是为了省钱琢磨他的发报机，然后我看到李侠发送最后一份电报时的中断，看到他最后说"同志们，永别了，我想念你们"。这些只是历史中幽微的注脚，然而足以在人心里炸响惊雷。我脑中别的什么也不想，只想起韩真说的："当你真正去了解那些人，了解他们当时怀抱信仰的样子时，你就会感到真实。"他们是燎原大火燃烧前的火苗。大火是伟大的，他们也是。

接踵而至的疫情仿佛是对某种隐喻的回应，坚韧不辞的精神以更直观的方式冲击着我。3月份我打电话给做医生的父亲，他只是平静地和我说："正在待命。"那时我才意识到我无法辨明苦难，更无法为拯救苦难中的人做出什么。11月昔日的学长回学校做讲座，谈到"逆行"的经历，只是一哂："你们觉得很难想象，其实没什么大不了的，不过是医生和党员——像张文宏说的那样，该做的。"那时我几乎就要掏出手机问父亲：等待时会害怕吗？接诊患者时手会颤抖吗？最终没有，我想可能是因为我知道答案。

现在回想，某个时刻我的心中混杂着某种激昂的情感，我想去学医，或者当记者——随便做些什么，我希望将来的所作所为至少能为社会贡献出一点什么。而如今，不管是那片模糊的红色、历史中的剪影，还是身边常见的身影，都毫不动摇地支撑着我。伟大的使命感是虚浮的，现在我回到实处：有一份巨大的奉献，我想去回馈。

长河无声奔去，下一个百年时我大概也只是大浪中的一朵浪花。

但爱与信念永恒。

上海市格致中学　韩周延

　　韩周延同学以自己独特的视角将自己生命成长的过程与对党认识的加深、感情的增厚结合起来,非常巧妙地将自己的人生与党的历史黏合交融,尤其是对党在国家命运的重大转折时所做出的贡献,党塑造民族灵魂的精神引领作用体会深刻。语言平淡之中大有深意,似乎淡淡一笔,却体现出对党的贡献的极大敬仰和积极献身党的事业的美好心灵,在高中年段,能够有这样的感悟实属难能可贵。

指导教师:晋春

那旗帜正迎风飘扬

2021 年,中国共产党成立 100 周年。从嘉兴南湖画舫上一大的缓缓落幕,到 2017 年党的十九大胜利召开,再到即将迎来的建党 100 周年,其间有过苦难,有过失败,但更多的是成长,是光明。值此 100 周年之际,作为共青团员的我突然想听听家里长辈们与"党"的故事。

于是,我采访家里的长辈们。敲开一扇扇古朴的门,看见一张张慈祥的脸,在他们娓娓的叙述中,不同的却又相同的故事在我眼前如画卷般缓缓铺开。我在那些故事里看见时代的变迁,岁月的流逝,看见从战火纷飞到盛世太平,从民不聊生到富裕小康,看见鲜红的旗帜在他们的手中传扬。

"我入党的时候?那可就早了嘞。"爷爷坐在一张小木板凳上,闻言合上了手中的报纸,推了推鼻梁上的眼镜,"那个时候中国还完全不是现在这个样子,哪有什么像你玩的手机电脑啊之类的,有个电话都是惊天动地的大事哩!我是党员嘛,大学毕业之后,当仁不让就跑到东北那边儿的工业基地搞建设。嘿,你还别说,一大帮子年轻人,干得还可起劲儿了!"小老头谈起年轻时候的事情,乐呵呵地笑着。爸爸后来告诉我,爷爷之后又听从党的指挥辗转前往河南西部山区,支援三线城市的工业建设,渐渐地就扎根在了那里。

外公则以另一种方式守护着祖国。作为一名党的军人,他守护了中国的边境近 20 年,其间更是赴越南上了抗美援越的战场。平日里他很少提起自己当兵时期的事,却无时无刻不展现着作为共产党员的自豪,作为退役军人的自律。在家里,他是主心骨,哪怕已经上了年纪,对自己仍有极高的要求,将家中事务打理得井井有条。他是严格的,一丝不苟的,却也是和蔼的,平凡的。正如那首老歌所唱:"咱当兵的人,有啥不一样……"很多时候我看见他,就能想象到黄沙扬起,他两手持枪,腰杆笔直的模样,就会想起 70 周年国庆阅兵之时,一队队方阵中军人英武威严的模样。

这或许就是共产党员的气势，他们每个人都是一面旗帜，不论年龄，不论环境，只要他们站在那里，就有力量源源不断地产生，就有永不倒下的旗帜迎风飘扬。

接过这旗帜的是我的父母，爸爸妈妈大学毕业的时候，上海正处在开发上海浦东的新阶段，他们作为党员先后来到上海改革开放的前沿，在各自企业兢兢业业，团结同事，努力工作，为企业经济发展做出了积极贡献。他们其实是很普通的人，但也是很优秀的人，他们时常教育我要热爱祖国，热爱党，所以我毫不犹豫地加入了共青团，成为班级中第一批团员。那天我问妈妈："你觉得'中国共产党'意味什么？"出乎意料地，平日里大大咧咧的她一本正经而坚定地告诉我："是解决中国所有问题的唯一可能性。"那时，我忽然明白，平时我们或许觉得"党"离我们很远，日常生活中也不会提到，但她已经深深扎根在我们心底，她所带给我们的，是相信，是自信。

不论是爷爷外公，还是爸爸妈妈，都是最基层的共产党员，正如我前面所说，一名党员就是一面旗帜，他们始终把个人的理想、发展与党和国家的发展紧密相连，听从党的召唤，服从党的指挥，在工作岗位上发挥着一名优秀共产党员的先锋模范带头作用。这次新冠肺炎疫情，无数党员带头冲在第一线，不畏艰险，不怕牺牲，他们以自己的年华为砝码，在生命的天平上与死神博弈，把自己的青春奉献在了抗疫需要的岗位上。这个时代的党员，便是如此兢兢业业，为国家，为党而奋斗。你若问起他们，他们每个人都会说自己是"普通人"，但正是这样平凡的人们，创造了不平凡的力量。

而接过父母手中旗帜的人，将是我们。

在我们所处的时代，党和国家正在进行西部大开发，实施精准扶贫，为实现"两个一百年"的奋斗目标不懈努力。在高端技术上我国正飞速发展，努力强化基础研究和高技术研究，却也因此受到来自国外的制裁和打压，而这正是我们一代青年人，将来的共产党员所应努力和奋斗的理由。我们要向祖辈和父辈学习，扎扎实实学好知识，掌握科学技术，积极响应党的召唤，投身到新时代的国家发展建设中，让红色的旗帜永远传承飘扬！

上海市格致中学　璩天文

　　本文构思巧妙，结构紧密。以"采访"家中党员长辈的形式讲述中国共产党成立100周年来的重大历史事件，从爷爷、外公到父母，体现普通党员参与国家建设、国家发展进程中的责任与担当。同时，小作者联系当下新冠肺炎疫情，勾画战"疫"第一线的党员群像，充分彰显"一个党员就是一面旗帜"的党员风采。文章结尾，在父母影响下早已加入共青团的小作者要"接过父母手中旗帜"，深情抒发"同心向党、奋斗有我"的主题，自然真挚。全文行文流畅，事例翔实，入情入理。

指导教师：王小欣

山河犹在，国泰民安

仍记那年冬夜白桦

今朝东方光华

手持着镰锤展望赤旗遍插

那年乱世如麻

今朝锦绣繁华

生于忧患也不曾悔入华夏

等国泰民安重回橘子洲头

看那万山红遍漫江碧透

禁不住忆往昔峥嵘岁月稠

万类竞自由

击水于中流

看少年浪遏飞舟

一场疫情，犹如一场突如其来的考试，中国交出了精彩的答卷，然而，许多国家却深陷其中。这差别，归根到底，是由于我们的国家制度和社会体系。在这场突如其来的大考中，中国经受住了考验，中国人民更加坚定了打赢这场疫情阻击战的信心。而这种信心和底气来自我们对中国特色社会主义的道路自信、理论自信、制度自信、文化自信。

习近平总书记指出："当今世界，要说哪个政党、哪个国家、哪个民族能够自信的话，那中国共产党、中华人民共和国、中华民族是最有理由自信的。"

小智治事，大智治制。我们所取得的显著优势、巨大成就，是我们坚持社会主义制度的体现。履不必同，期于适足；治不必同，期于利民。我们坚持走中国特色社会主义道路,这是历史和人民的选择,而新中国成立70年来的成就也证明了这是唯一正确的道路。这一道路的突出特征是中国共产党的领导,这是我们最大的优势,与之相适应我们也形成了理论、制度和以社会主义核心价值观为灵魂的文化自信。

2019年底,各地不断出现新冠肺炎病例,确诊人数急速增长,疫情暴发。当我坐在家中,每天看到这冰冷的数字上下跳动时,心中便感到焦躁无助。但国家马上动员全国力量为武汉的疫情防控提供支持,在10天的时间内建造了火神山医院并通过验收,之后很快又建好了雷神山医院。各地医生共赴武汉,他们中很多人明知危险却毅然写下遗书奔赴湖北,被人们称之为最美"逆行者"! 在党、政府和医护人员不懈的努力与社会各界的关注之下,国内疫情已得到基本控制。

在国内疫情得到有效防控之时,国外的疫情却渐渐失控,形势非常严峻。有的国家政府和民众最初对防控并不重视,更有不少民众在疫情蔓延期间仍然举行集体活动。每当我听到这样的消息,心中总为身在国外的朋友担心。

两相对比,我们看到了中国对待疫情的态度,我们看到了坚持四个自信给人民带来的力量,同时也让全世界看到了中国力量的强大。实践证明,我们采取的措施是有力且有效的,也让我对我们中华儿女可以共克时艰、战胜种种艰难险阻充满了信心。

我们经常看到路边的宣传标语中写着"人民有信仰,国家有力量,民族有希望"。抗击疫情就是对这句话完美的诠释,让我们深切地感受到中国人"家是最小国,国是千万家"的家国情怀,看到我们每一位普通的中国人对于"四个自信"的认同和坚信。

送走2020,迎接2021,在建党100周年之际,无论外部风云如何变幻,我们最重要的,是要做好自己的事情,做好疫情防控。让我们坚持"四个自信",坚定信心,迎难而上,化危为机,斗出一片新天地。

烈风红旗飞舞
蓝天白鸽群逐

五星出东方正照耀我黄土

先辈血浇国土

只为山河如故

星辰大海正是少年征途

上海市实验学校　吴筱雅

小作者紧扣建党100周年主题，以新冠肺炎疫情为切入点，以"四个自信"贯穿文章始终，以自己尝试创作的歌颂祖国诗歌为前后照应，开篇不俗，掷地有声，深入翔实地分析自己耳闻目睹的新时代翻天覆地的变化，以及这一经历过程中的点点思考，正可谓没有一个冬天不可逾越，没有一个春天不会降临，唯愿山河无恙，期少年展宏图。

指导老师：陈新元

一架名为中国的航班

✳ 壹·厚重包裹

新冠肺炎疫情一下子把机场的跑道扫得空荡荡的。根据防疫要求,民航部门对进出港国际航班做了相应的调整,减少了班次。不过,在浦东国际机场,还有一群人正在忙碌。他们不为别人,为的正是他们可爱的在境外的同胞。

毕竟,运载的货物很特殊:是外交部通过民航局为海外留学生投递的"健康包"。包裹很厚重,装有不少防疫物资。在机场工作人员的协作下,包裹离留学生越来越近了。

"希望他们能感受到祖国在背后一直给予他们的支持吧。"

飞机载着祖国的牵挂起飞了。绿色通道十分通畅,在国外的留学生不久就将收到包裹。细看"健康包",大使馆在发给留学生前还题写上一句诗:

"月明闻杜宇,南北总关心。"

也许,我们正彼此相隔万里的距离。可是,祖国的朋友永远就在背后,正给你加油鼓劲。欣喜的同时,你一定会为自己作为一名中国人而无比骄傲和自豪吧。

首批约 30 万份、300 吨,就这样在几天内运往 12 个国家、46 个使领馆,由使领馆派送到留学生手中。

你可知道这一份"健康包"背后的重量?

✳ 贰·明亮前程

在抗击疫情的征途中,浦东国际机场既是物资的始发站,也是海外游子回家的终点站。

异国他乡,夜幕降临。伴随着发动机巨大的轰鸣声,飞机俯冲滑行,在跑道上缓缓停稳。"祖国来接你们回家了!"沉稳的声音,温暖的笑颜,划破了十几天来的暗夜与迷雾。曾经,有多少人提心吊胆,感到孤立无援,此刻都被这柔软的五星红旗包裹,忧愁烟消云散。洋溢着激动的心情登机,每走一步,都感觉自己离家、离祖国又近了一步。那种温暖和踏实,让周围的料峭春寒不再刺骨。

一路上,他们喜极而泣。直到飞机舷窗的视野中隐约出现了浦东机场灯塔的模样,这一切,依然如梦似幻。

数年前,他们循着先辈的脚步漂洋过海,心怀祖国家乡建设,风雨兼程。多年后,他们又在祖国的怀抱中回到这片心之所属的土地。"异国他乡莫彷徨,终有故土守相望。"窗外的灯光在泪水的晕染下化作点点星光,"祖国永远是我们坚强的后盾!"祖国也成为照耀他们人生航道的光芒。"祖国与我同在,我与祖国同在!"

✳ 叁·温暖冬夜

留学生们从未放下他们肩上的责任,机场亦然。

自虹桥机场暂停国际、港澳台进出港航班业务之日起,浦东国际机场也成为上海疫情防控第一线。不久前,上海出现本地病例,是一位机场货运人员。仅两天后,浦东国际机场即安排所有相关人员进行核酸检测。

"这是我们的职责。""让我们站在第一线!"

于是,自愿支援的医护工作人员又一次成为最美的"逆行者"。

停车场内,几百位医护人员迅速集结。虽为医护,但穿上厚重的防护服的那一刻,他们仿佛穿上了战袍,浑身充满了坚定的力量。他们从准备医疗材料到开始工作,一气呵成。

从 11 月 22 日晚 7 点工作到次日早晨 5 点,他们没有停歇。眼看停车场排的队伍越来越短——17 719 这个数字,看似不可能却被完成了。

面对防疫这一巨大挑战,没有英雄从天而降,但不乏凡人挺身而出。次日,当我们的手指在屏幕上滑动,阅读到的只是"17 719 名""核酸检测"的字样,而这背后却是一线医务人员的一整夜的协力合作。如今,虽仍有境外输入病例,但机场也能在有关部门的指挥下,各医护工作人员严格落实防控措施,从源头保障了城市防疫安全。

回顾那个气温并不高的夜晚,你们说,采样人员的一句句关怀和感谢的话语,以及一个个小小的帮助举动,让你们感受到了冬夜的温暖。其实你们自己,又何尝不是温暖的传递者呢?

✳ 结束语·时光航班

让我们坐上这架时光航班。

我们曾在嘉兴南湖的红船上见证中国共产党诞生;曾在抗美援朝的战争中经历中国没有飞机,失去制空权的作战艰苦,但我们挺了过来。如今在中国共产党带领下的中国已有了飞速发展:我们在新中国成立 70 周年阅兵时看到新时代的空中力量接受检阅,在不久前听闻中国自主研制的 C919 大飞机投入试飞,于近日目睹嫦娥五号探测器让五星红旗闪耀月球。人民的生活,祖国的面貌,都焕发出新的光彩。

疫情是一次重大的考验,但在中国共产党的科学领导和人民群众的齐心协力下,中国交出了一份满意的答卷。昨日,机舱内曾响起旅客们对工作人员辛勤付出的雷动掌声;今天,我们一同在此见证飞机的高度,见证人民群众的高度,见证祖国的高度——直至今日,浦东国际机场始终保持有序运转。现在,世界千变万化,时光航班会载着我们向哪儿去呢?每个人都无从知道。

但是，真诚帮助没有变：在困难的时候，别忘了还有祖国的朋友们；团结统一没有变：祖国永远是我们的温暖故土；无私奉献没有变：哪里有需要，哪里就有支援。更重要的是：党的领导和人民群众的支持没有变，"发展为民"没有变。

变与不变的故事还在续写。

飞机仍在向更高、更远处飞行。这架时光航班，这架名为中国的航班，它的目的地是怎样美好的明天，我们期待着。

上海市市西中学　刘佳宇

作者巧妙地选取了在新冠肺炎疫情危机发酵的不同阶段中共同抗疫的三个不同群体，以细腻动人的文字将各方的情感和初心娓娓道来，由点及面、真实可感地还原了在中国共产党带领下众志成城的中国力量。结束语板块中更以"变与不变"的关键词提纲挈领地回溯了在中国共产党带领下的中国崛起之路，将新冠肺炎疫情的风暴融入中国发展的漫漫历史长河，水到渠成地总结出中国共产党之于中国发展的地位和意义：中国面临的挑战在变，而中国共产党的初心不变，由此迸发出的中国力量更是无穷无尽。全文视角新颖、构思精巧、语言细腻、情感真挚，充分表现出作者平时对生活的观察与思考。

指导教师：顾妍婷

路在中国

我听无数人说"路"。

李白言"行路难!行路难!多歧路,今安在?长风破浪会有时,直挂云帆济沧海";鲁迅先生道"其实地上本没有路,走的人多了,也便成了路";父母絮叨说"每个人都要走好自己的路";新闻中日日播送"走中国特色社会主义道路"……而我自己,常常穿着校服急走在清晨氤氲着桂花清香的上学路上,抑或坐在飞驰的高铁中一瞥窗外的秀丽风光、在飞机上目睹日星隐曜、万象更迭。

我日日走路,也日日品路。

我会思索脚下的路正通向哪里?形形色色的行人又走向何方?路的那方是否山河壮阔?路的尽头是否星河璀璨?伴着歌中余音绕梁的"路上一道辙",脑海中第一个浮现的,也是路。冥冥中我看到无数路像血脉一样流动在神州大地上,每个人的步履汇聚成涌动着的血液,日日夜夜灌注着中国。

沿着脉脉流水,沿着巍巍青山,我看见高楼林立,我看见阡陌纵横。在这片曾经闭塞的土地上,因为没有路和现代化的交通工具,生活在深山或边陲的人们长期无法与外界及时交流。每日坐车驶过平坦大路的我难以想象,在阴雨绵绵时山村的孩子如何跋山涉水,踏过泥泞甚至于攀爬着陡峭山崖上学。而如今,放眼望向这片高低崎岖的土地,城镇的大路正逐步向那些曾经寸步难行的乡村延展,泥泞的山路变成了宽阔结实的马路,高速的铁路铺向了海拔3 000米以上的崇山峻岭、草原戈壁。逢山修路,遇水架桥,13.1万公里的中国铁路里程穿过繁华都市,纵横田野阡陌,连接大漠边陲。中国铁路里程位居世界首位,祖国南北的距离被高铁重新定义,无数人与更辽阔的天地相拥。路,改变着中国人的生活、出行,甚至思维方式。

沿着一望无垠的金黄戈壁,沿着绵延不断的起伏沙丘,我看见曾经骆驼负重而行,我看见而今巨龙盘桓,连通了世界。西汉张骞走出的一条异域丝路,用流光溢彩的绸缎将中原和西域串在了一起。现在,这条道路引领着中国走向富强:"中国路""中国模式""北京共识"成为全球热词,中国力量、中国精神、中国效率逐渐成为众多领域的风向标。"一带一路"倡议快速推进了全球合作之路,这不仅让中国与世界的融合越来越紧密,还让中国的国际地位越来越高、话语权越来越大,更让中国通往世界各国、各地区的路越来越多、越来越广。这条道路,凝结着伟大的"中国梦",体现着雄狮崛起的撼动世界的力量。汉、唐、宋、元、明、清,"各国商贾辐辏,百货云集",缎匹、茶叶、瓷器、珠宝汇聚成历史中的华彩篇章,而如今"一带一路"又将重新绘制新时代的锦绣宏图。

沿着暖阳高照欢声笑语的上学路,沿着高楼大厦间响着匆匆步履声的上班路;沿着清晨绿树成荫的乡间小路,沿着夜间车水马龙的城市大道;沿着包容过"蛟龙号"的辽阔水路,沿着响彻过C919轰鸣的浩瀚长空……我看见了人人脚下的路,中国正在走的路,我也看到了人人心中的路,中国未来的路。

天安门广场升旗手踏着有力正步走过的路,千万观众在天蒙蒙亮时看着;国际赛场上中国运动员走向最高领奖台的路,千万家的屏幕播放着;中国走向全面小康的路,中国人民坚定地迈进着。这一条条路、一项项成就的背后,都是每个人正在走的属于自己的路。中国路、中国梦,是民心所向,是众志成城。我们做的小事、担的责任,都和中国路紧密相连。

我仍是走在清晨氤氲着桂花清香的小路上,但我明白我走出的人生轨迹,将担负着"少年强则国强"的责任。每一个"我",都在让"中国路"越走越宽。

我想,我懂了中国路。

上海市市西中学　陈玥阳

陈玥阳同学的文章以"路"一字立骨,由实到虚以小见大,思接千载心游万仞,笔意纵横文气酣畅,表达了自己对

于"中国路"的理解和思考。"日日走路,日日品路",路在脚下,路接神州;路承载着强国梦想,路标志着民心所向,路彰显出包容交流的胸襟气度。"品路"的过程,就是读懂中国的过程。

值得称道的是,文章中还传递了中国少年的心声——走好自己的人生之路应和国家民族的振兴之路紧密相连,"少年强则国强",千里之行始于足下,"路"既在远方,又在脚下,我们始终在"路"上。

指导教师:陈学政

黄浦江畔风拂岸,人祈平安

夜晚,黄浦江畔的天空像是哪位书生打翻了刚磨好墨的砚台,以往尚存的几点星光不约而同地隐去身形。空气凝重得使人窒息,天际仅剩下无底的黑,就像这2020年。

2月底的一个晚上,我和爷爷奶奶去到黄浦江边散步。以往熙熙攘攘的人群只剩下零星几组,就连我们这五个人的小家也被疫情拆成两半,过年也分隔两地。本该有说有笑的一家人,如今却被口罩捂住了嘴。口罩严实得密不透风,呼出的湿热气体化作黏滞在口罩壁上的水珠。明明是寒风刺骨的倒春寒,却让人感到无边的燥热烦闷。层层云雾隐去了明月的倩影,江边的晚风在耳边呼啸着,吹来阵阵纷扰和担忧。

此时此刻,我在黄浦江畔,可是妈妈,您有没有严格做好防疫措施呢? 您还坚守在医院的岗位上吗? 有没有按时吃饭好好休息呢? ……

以前总能在书中,在新闻里看到"苟利国家生死以,岂因祸福避趋之"的事例。甚至在语文阅读理解的题目里也常常写到"这篇文章使我明白了人要努力追求愿意为国献身,不计个人得失的无私奉献的崇高精神"。可是,我们真的明白了吗? 我们真的学到了吗? 我们真的成长了吗?

我认为,不经历过真真切切的事就不能算是真正意义上的成长。而在成长这条路上,我们面对的最大问题就是以为自己成长了,也不过仅仅是自认为的罢了。

疫情暴发后,一系列新闻相继涌出。"耄耋之年的钟南山院士连夜赶往疫情一线""来自全国各地的最美逆行者们纷纷前往武汉进行支援"。原以为这些伟大人物的至高无上还离我太远太远,我只能远远仰望着,敬佩着。可没想到我自己的妈妈也成了冒着生命危险坚守抗疫岗位的医护人员,而不再是一名普通的检验科医生了。

原本的燥热又被江风吹凉了,思念融进刺骨的江风中无情地拍打着我。云层更深了,愈发的灰暗像蜘蛛网一样笼罩着我,无形却厚重。我望着黄浦江对岸,万家灯火星星点点,又是几家欢喜几家愁?我们一家人此时此刻也本该享受团圆的温馨,可为了能挽留住更多人的生命,我们一家人还是选择支持妈妈坚守医院一线。

她说过:"我是党员,我必须得冲在前面!"

这种"我是党员,我先上!"的情景在抗疫防疫战斗中时时涌现。这让我更深刻地感受到了共产党的伟大和重要。在中国共产党成立 100 周年之际,我更坚定了自己要学习妈妈这种爱国爱党精神的决心,努力做一名听党话跟党走的青年。

可我又在亲情这一关迟迟过不去。

小时候觉得分享玩具就是成长了,变得不自私,也知道为他人着想了。长大些后又觉得从书本中学到了很多道理就是成长了。其实成长并非如此,道理谁都懂,只有去践行过,去落实过,才算真正成长。

疫情暴发初期,妈妈电话里问我:"如果这个春节医院留我在江西,如果我不能回上海了,如果要一直在岗位上工作,你可以接受吗?"语气温和而又忐忑。刚听完这些话之后,我懵住了,无数种可能出现的恐怖后果在我脑子里出现,我像被噎住了似的,说不出话。

如果我真的成长了,我想我不会一个字都吐不出来。我想我应该会果断地支持妈妈坚守一线。可是我内心在挣扎,在犹豫。因为我从来没有经历过自己或者身边最亲的亲人要冒着生命危险为国奉献,拯救他人。原来懂得的大道理,在这一瞬间被恐惧、害怕、不安、纠结给摧毁了。而重建的过程便是成长的过程。

妈妈会不会不当心被感染了?她会不会睡不好觉也没时间吃饭?……一边是挚爱的妈妈、渴望的团圆、期待的陪伴,一边是愈发严峻的疫情,不断攀升的确诊病例数和死亡人数。每上升一个就意味着多一个家庭会面临崩溃和绝望。

"妈妈,我支持你。你放心留在医院吧。但是一定要记得穿好防护服,记得多洗手,记得好好吃饭,记得……"我最终还是选择支持妈妈,为了从死神手中抢回更多的生命,为了更多家庭的团圆。

直至此刻,我想我才是真正的成长了吧。不是自以为的,也不是假大空的。不是口头决心,也不是思想运动。是真真切切的经历,是自己作出的选择,是我自己的领悟和进步。

快走到路的尽头了，风不再无情地呼啸，而是轻抚我。月更明了，即使云层也阻挠不住她的柔中带刚。原来成长是需要自己去经历去感受，是推翻重建，是比以前更爱，更珍惜爱。

身为党员的医生，大部分都挺身而出坚守着各自的岗位，各司其职为人民服务，为中国抗疫做出贡献。妈妈也是，以党员之名，以党之名。而从事别的职业的党员也在为人民服务着，也在献出自己身为党员的一份力。

温柔的江风啊，能否从黄浦江畔吹到信江河畔，为我捎去万分思念和关心，告诉妈妈：她的女儿一切安好，她可一定也要一切安好啊！

上海市市西中学　傅译楠

在2020年全国抗疫的大背景下，作者从自己的生活出发，记录了自己对母亲奔赴抗疫前线的心理变化。而这心理变化的过程也反映出了作者的成长，那一句"重建的过程便是成长的过程"凝练地告诉读者，成长从来不是被麻木空洞的道理堆砌的过程，而是面对令人纠结的选择时下定决心的一刹那。事情虽小，却从细微处体现了抗疫大背景下医务工作者的奉献精神以及亲人们在背后的支持与挂念，折射出的是华夏儿女的家国情怀。整篇文章笔触细腻，避免了华而不实的辞藻堆砌，字里行间流露出一种真情实感之美。

指导教师：唐诗佳

红旗飘飘　引我成长
党旗飘飘　伴我怒放

　　这面红色的旗帜，四颗金色的小星星环绕着一颗金色的大星星。它象征着整个中华人民共和国，引领着一代又一代的青年茁壮地向阳成长。

　　这面红色的旗帜，金黄的镰刀锤头，它象征着中国共产党陪伴着一代又一代的青年长大成人，为国效力。

　　2020年初的疫情让我深刻地认识到了我们的国家、我们的党的强大力量。在疫情暴发时，坚决而果断地封城；在面对人民的病痛时，迅速而有力地召集齐医务人员；在解决医疗设施的缺乏时，展现出震惊世界的中国速度；在面临医疗物资的匮乏时，凝聚起全国人民的爱心援助……所有的举措都让我们看到举国同心的中国社会、中国共产党、中国人民的力量！"人民至上、生命至上，保护人民生命安全和身体健康可以不惜一切代价。"这份即便暂时放下经济发展增速，也要以人民的生命安全为重的态度，给了我们所有人笃定的安全感和踏实感，让我们相信，可怕的悲剧不会发生，因为，我们在中国。抑或可以说，只要是中国，国家就不会置人民于绝望的处境。我们应始终怀着坚定的信念，相信祖国会护我们周全，护我们平安。我为我们的祖国感到深深的骄傲与自豪。

　　谈及骄傲和自豪，不由得使人想起了曾经大火的电影——《战狼2》，它造就了将近60亿的票房奇迹。这个奇迹是如何产生的呢？正是因为其中呈现的浓厚中国情怀，引发了观众们的共鸣。它展现了中国的强大，它让全世界人民都看到——中国人民站起来了，中国早已从新中国成立前那个贫穷落后的国家发展成一个强大到可以保护她的子民在外不受到威胁的大国强国。影片的最后一句话，直击我的心灵，点燃了我内心强烈的民族荣誉感——"中华人民共和国公民，当你在海外遭遇危险，不要放弃！请记住，在你身后，有一个强大的祖国！"

这份荣誉感也与后来的那次出国经历互相印证。那是我第一次出国，出发前有过很多担忧与害怕：会不会没有办法进行语言上的沟通，会不会遇到很不友好的外国人，会不会受到网络上提到过的歧视与偏见……但到了国外后的经历完全打消了我的疑虑，从繁华商厦，到街头巷尾，我遇到的每一个外国人都十分友好，我的每次微笑都会得到微笑回应，并不会因为我黑发黑瞳的亚洲身份而受到丝毫难堪。其中的一个个暖心场景我至今铭记：我在给二姨拍照时，有一群外国人路过，我礼貌地伸出手，请他们先过，一个跟我年龄相仿的男孩转过身给了我一个灿烂的笑容，露出了一排洁白的牙齿，还给我竖了个大拇指。他的妈妈发现他落了后，连忙把他拽走，还不忘对我歉意地笑了笑。在教堂门口排队时，几个卖水的黑人小贩见到我们中国人，迅速切换语言，用不是很标准的普通话大声地喊着："一元，一元，一元一瓶！"把我们一行人都逗笑了。原来，黑人小贩也学中国话啊！在外国，无论是在金碧辉煌的商场里，还是在装修简洁的路边小店里，都不乏中国人的身影，许多柜台都有中国售货员，为世界各地的游客进行服务。望着他们真诚的笑容和游客满意的脸庞，我发自内心地感到自豪，这，就是当今中国的影响力！强大而温暖的祖国，为世界的每个角落带来中华文明与文化的灿烂风采。

我们的新中国从成立到现在也不过70多个年头，但在党的领导和全国人民不懈的努力下，我们跨过了一个又一个难关，创造出腾飞的经济，使中国成为走在世界前列的大国。就像新冠肺炎疫情下，中国智慧让我国成为2020年唯一经济正增长的主要经济体。这一切成就和胜利的背后，都离不开中国共产党的领导与中国人民的艰苦奋斗。

青少年是国家的重中之重，就像梁启超的《少年中国说》里所讲的："故今日之责任，不在他人，而全在我少年。少年智则国智，少年富则国富，少年强则国强，少年独立则国独立，少年自由则国自由，少年进步则国进步，少年胜于欧洲，则国胜于欧洲，少年雄于地球，则国雄于地球。"作为中国青年，我们要将复兴的使命牢记心间，为祖国的未来而不懈奋斗。

五星红旗高高扬起，空中飞舞；鲜红党旗被铭刻心间，使命在肩！在国家和党的带领下，我们放飞梦想，我们牢记责任。我们将用青春奋笔挥毫，书写中华人民共和国的辉煌明天。

上海市松江第二中学　曹奕菲

　　本文题目彰显思维的张力，将"红旗"—"成长"与"党旗"—"怒放"构成一组内含因果的逻辑关系，重点放在"怒放"一词内涵的拓展上，与文末相应。"怒放"既指个体的自我成长与自我价值的丰盈，更指国家层面的辉煌历程与博大胸襟的展现。并立足于疫情之下，以自我的视角投诸出国行中的暖心瞬间，小男孩的歉意微笑，黑人小贩普通话的吆喝，都源自祖国和党给予的"笃定的安全感和踏实感"，被尊重，被看重的"骄傲与自豪"自然呼之欲出。进而提升到不拘于国家、种族的情感交流、文化传承的层面。语言表达晓畅自然，很好地展示了思考过程。

指导教师：王健

逾 冬

2020 年是一个注定被载入史册的年份。

自 2019 年 12 月首批新型冠状病毒肺炎确诊患者发病起,疫情的影响不断扩大。2020 年 1 月 1 日,武汉海鲜市场关闭。1 月 20 日,钟南山院士表示病毒存在人传人现象。1 月 22 日,湖北省启动突发公共卫生事件二级应急响应。

1 月 23 日,武汉封城。

✳ 万众一心兮,群山可撼

"本台消息,近期,湖北省武汉市等多个地区发生新型冠状病毒肺炎疫情,截至1 月……"

晚饭时,我和爸妈边吃着饭边照旧打开电视收看新闻,每个人脸上都挂着严肃的表情。

这似乎是疫情出现后形成的习惯,每天都要准时收看新闻,或为那一排排数字的增长而感到忧心,或为它比昨天减少而感到喜悦,即使差距可能微不足道。

自官方正式公布了新冠病毒的严重性后,各类紧急措施一项项下达。新闻中不停播报着预防疫情的方式——少出家门,保持间距,出门戴口罩,回家用消毒液洗手……政府的高度重视让几乎所有的国民第一时刻感受到了事情的严重性。"黑云压城城欲摧",寒冬的冷愈发彻骨。新闻中每天都播报着疫情各方面相关的内容,担忧、恐惧如阴霾般笼罩不散,但现在回想起来当时居然从未想过会输,好像那一份自信天然地就植根于心中。我自始至终都未对胜利抱有一丝怀疑,只因为我们身处中国。

那段时期我几乎不再出门,学校也被迫延迟开学。临近中考学业却难以进行,关在家里的憋闷更不用说。幸好学校迅速安排好了网课。虽然很不方便,老师们从未使用过网课,也常出现这样那样的小问题,但看着他们努力地去克服一个个问题,身为学生,心里也带着一股不服输的劲。即使疫情也无法阻止我们为了实现目标去努力。

由于不能去一些人群聚集的地方,疫情间基本只有拿快递才会出一趟门。记得一次我妈拿快递回来,敲完门,我爸蹑手蹑脚跑到门前,一拧手把,往后一跳,隔着一两米的距离拿消毒液往我妈衣服和包裹上一阵喷,宛若她的身上趴着一个巨型的病毒,避之不及,气得妈妈直瞪他,而我在旁边笑得差点气也喘不上来。

虽然确实夸张了些,但疫情期间这还真是我们家的日常写照。出一趟家门,外套就要喷消毒液然后换下来洗掉,包裹也得消毒完静置个半小时才打开。小心、小心再小心,这大概就是我们一个普通家庭能为抗疫做的那一点点小贡献了——努力不给医疗增加负担。

那段时间在家无事时总爱眺望远方。

记得一次窗外的天气很好,晴空万里,蓝天白云相衬。

我看到阳光从东方倾泻而下,铺洒满宁静温和的道路。

✳ 天行健,君子以自强不息

疫情期间闲暇时,听闻了许多感人的故事。

扬州的一名 10 岁女孩,捧了一只小黄鸭储蓄罐,放到派出所的传达室后就蹦蹦跳跳地离开了。原来那名女孩从新闻中了解到疫情的严重,就将自己攒了几年的零花钱捐了出去。虽然数目并不算大,但那却是她自己力所能及的最大贡献。零零碎碎的硬币纸币中,饱含着一位孩童最纯真的祝福。

83 岁的拾荒老人林大爷在得知全国疫情后,匿名到社区捐出一万元善款,要求不写名字,也不要报道,甚至在当地热心网友众筹了一万元还给他时他怎么也不接受,再次将这一万元捐了出去。

还有一个外卖小哥自发组织了一群人在武汉为各大医院的医疗队运送必需物资,在疫情猖獗之时,身为一个普通人,坚决地挺身而出,承担起了这份责任。

除此之外还有很多很多的人,他们遍及五湖四海,为抗疫做出了不可磨灭的贡献。如果没有他们,又或者说如果没有我们每一个人,这场胜利或许都不会来得如此之快。虽然我只是普通学生,疫情来临后也只有待在家中这个选项,但是我依旧拥有一个选择,选择即使在困难之时也毫不松懈,甚至更加努力地完成学业,做好自己分内的事。

百多年前,清政府在帝国列强的大炮下只能卑躬屈膝。

百多年后,面对世界为之震动的新冠肺炎疫情,中国人民已然可以靠自己的力量屹立不败。

马丁·雅克,一位痴迷于中国文化的西方学者曾表示,西方一直认为中国人没有信仰是错误的。他曾这么说:"他们相信人定胜天,他们愿意相信只要凭借着自己人类的聪明才智就可以渡过难关解决这场危机,因为他们相信自己团结起来,能力终将足以改变整个世界。"

天塌了我们自己补,洪水来了我们自己治。

女娲补天、大禹治水、后羿射日等许许多多的神话故事无不折射出一点——中华民族自始至终都是一个自强自立的民族。

疫情并不可怕,万众一心,我们从来坚信自己能够胜利。

自强不息,人定胜天。

✳ 岂曰无衣,与子同裳

疫情初期我国口罩等医疗物资紧缺。

无论是海外华侨,各地同胞,抑或是其他友好国家伸来的援助之手,都深深温暖着我们。

后来我们境内的疫情逐渐控制住了,国际上的情况却愈发危急了起来。

滴水之恩,当涌泉相报。我国在逐步控制住疫情的同时,也开始着手援助外国友人。

封城,停工,我国经济的损失几乎难以估量。但就在如此情况下,中国政府向世界卫生组织捐款 2 000 万美元,支持世卫组织开展抗击新冠肺炎疫情的国际合作,在帮助其他发展中国家提升应对疫情的能力、加强公共卫生体系建设上尽了自己的一份力。中国承诺研发的疫苗将作为全球公共产品,并同时加入了世卫组织的新冠病毒疫苗实施计划。

检测试剂、医疗物资、派遣人员,堪称全面的援助使中国的大国风范展露无遗。

一来一往,相互牵挂,相互依靠,连接着全世界 70 多亿人口的牵绊在此刻更加清晰深刻,用有力的事实告诉着我,我们,从不孤单!

习近平总书记曾指出,构建人类命运共同体,需要世界各国人民普遍参与。我们应该凝聚不同民族、不同信仰、不同地域人民的共识,共襄构建人类命运共同体的伟大事业。

疫情时期,"人类命运共同体"这一理念的现实意义更得到了有力的证明。

世界人民的命运息息相关,我们不应,也无法退回到几百年前闭关锁国时期。鲁迅先生也曾有言:"无穷的远方,无数的人们,都与我有关。"世界各地的人民无论何时都是紧紧联系在一起的,我们都不能忽视"远方"的那些"人们"。我们当然可以选择互相针对最后两败俱伤,但是我们为何不能相互扶持,共同走向更加发达美好、可以让每个人获得自己想要的幸福生活的崭新未来?

这次疫情中,我们的祖国,以及许多的其他国家,都切实地完成着对"人类命运共同体"这一概念的诠释。

未来的路很长,比这次新冠肺炎疫情更加严重的困难仍有许多。可如果全世界人民团结一心,共渡难关,那前面的路我们又有何畏惧。

冬天终将过去,明朝春暖花开。

上海市松江第二中学　杨　玥

本文的小作者以一名高中生的视角,挖掘新冠肺炎疫情对家庭、社会乃至全人类的影响,在此过程中展现了个人情感的涌动和思想的成长,真实自然。从疫情期间的所见所闻中体验一家人团结抗疫的温暖,感受全体中国人民自强不息的信念,领悟全人类面对灾难,互助共赢的力量。从"小我"到"大我",视野逐步扩大,认识不断加深。与此同时,小作者还巧用《诗经》《周易》等传统文化经典里的名句作为小标题,体现了新时代青年高度的文化自信。

指导教师:赵陈君

2020，岁月如歌

"我志愿加入中国共产主义青年团……"铿锵有力的声音响起，面对摄像头，新团员们紧攥右手握拳于耳边，表情庄严肃穆。这是一次特殊的入团仪式，举办于2020年的五四青年节，是学校"青春战'疫'，聚力前行"主题团日活动暨新团员入团宣誓仪式。22名同学打开摄像头，所有新老团员以腾讯会议的方式在线上"共聚一堂"。新团员代表发言说，要做新时代有远大理想的追梦人，为祖国贡献自己的一份力量。我作为一名"老团员"，一同见证了这一神圣的时刻。

这特殊的仪式缘于席卷全球的新冠肺炎疫情。由于疫情，同学们居家隔离，不能到校，但学校团委组织开展了丰富的"线上团校"活动，有团课、主题团日活动和团课测试。通过几轮笔试与面试的选拔，又一批入团积极分子脱颖而出，光荣加入了共青团。

是呀，亲历一场惊心动魄的抗疫斗争，目睹与听闻众多抗疫英雄故事，怎能不为之热血沸腾！1月23日，武汉封城，全国动员驰援；1月24日，大年三十，上海和其他地方的医务人员连夜出发前往武汉，与当地医生并肩战斗；1月25日，正月初一，党中央政治局常委会史无前例地召开专题会议，再研究、再部署疫情防控工作。我们坐在电视机前，看到一队队医院的白衣卫士，部队的戎装军医，踏上奔赴武汉的列车和飞机。当看到医护人员与车窗外送行的亲友含泪告别时，当看到部队军医庄严宣誓时，我情不自禁热泪盈眶。

一场抗疫阻击战，更让我们看到了人类命运共同体的重要性。无论多与少，所有的国际支援都是暖心的鼓励，令我们真诚地感谢。巴基斯坦向武汉援助30万元物资，承载的是沉沉的情谊；来自日本附着"山川异域，风月同天"等诗句的援助物资，展现了中日友好的源远流长，也让我们更加坚定要传承传统文化的信心。我们也主动向世界分享信息和研究成果，表现出的信息透明化和开展国际合作的积极性，体现了我们国家的大国担当和大道不孤的天下精神。我们取得了全球瞩目的战"疫"成果，又将自身的抗疫经验分享给世界各国，提升了我国的国际话语权，彰显了中国特色社会主义的优越性，进一步提升了我国的道路自信、理论自信、制度自信、文化自信。

史上最长的寒假过去了。那段日子里，我们家和千千万万普通家庭一样，在家里关注新闻报道，默默祈福，过着各自居家隔离的日子。尽管工作地点和形式变了，但我的父母还是一样忙碌，通过网络沟通，参与捐款和捐物，组织活动，线上办公。而我作为一名高中生，也开始了居家学习的生活。学校老师戴上口罩到校为我们完成分发新教材的工作，同学们通过多种网络直播平台上课，还能借助"空中课堂"听到一批全市最优秀老师的课程。

线上教学还拉近了我们和老师的距离。上课时，老师们从一开始的或许有些生疏变成了娴熟的"主播"，还提供课后线上一对一答疑。如果有课上没有理解的地方，我们还能通过课后看回放反复琢磨，也能和同学更方便地互相交流。疫情期间的线上教学别有一番天地。

我们在 5 月中旬重新走进校园，两周后就迎来了"六一"儿童节。那天，班主任带领我们学习折纸："致敬生命的守护人：天使心"。同学们折好之后还互相赠送。这是一个长大以后的儿童节，大家用自己的方式向天使般的心灵致敬。

我们在"七一"建党节那天结束了期末考，也用自己的成绩证明了我们自己的努力。因为抗疫，这个学期很不一般，许多暖心的珍贵的活动将永远深深铭刻于我们心中。我们所要做的，就是在祖国、学校、父母和老师给予我们的庇护之下，做好我们应该做的事情。

春去秋来，金风送爽，2020 年的国庆节适逢中秋。那天晚上，我们全家戴上口罩，到北外滩去看夜景。我们走在绿树掩映的步道上，耳边是人群的欢声笑语，周围高楼林立，灯光绚丽，随手拍下，都是美丽的风景。我们到江边的餐馆吃了些点心，旁边还有一桌外国朋友，喝着德国啤酒，那一定是疫情期间没有离开过上海的国际友人了。我想，这就是"国泰民安"了吧。中国人齐心协力赢得了眼前的岁月静好，也为疫情风暴中的世界提供了一方避风港。要知道，那一天，全球报道的新冠确诊病例达 3 413 万例,死亡病例达 101 万例,而中国只有零星的境外输入病例了。

2020 年,这是"爱您爱您"的一年,一段如歌的岁月,波澜壮阔,气势恢宏。疫情让 14 亿中国人共同诠释了中国人的抗疫精神。她是我们国家抗疫中的斗争精神、团结精神和大爱精神,她是中国共产党领导下无数白衣卫士与普通百姓共同展现的历史责任感和时代使命感,她让我们切身体会中国共产党领导下"集中力量办大事"的制度优势。她与我们历史中的红船精神、长征精神、雷锋精神等各种优秀传统精神一脉相承,体现了无数中国人对祖国的爱,对民族的爱,对共同生活在这片热土上的人那份深沉的爱。她奏响了一段爱的交响乐。而这段乐章也将留存在我们的脑海中,陪伴着我们走向未来的岁月,去奏响更美的旋律!

上海市杨浦高级中学　刘诗琳

刘诗琳同学的《2020,岁月如歌》一文从疫情之下一次特殊的团日活动写起,按照时间顺序将 2020 这个特殊年份里的独特记忆娓娓道来,所言所想一方面与高中生的学习生活息息相关,另一方面又展现出博大的胸怀、开阔的眼界,字里行间透露出一名当代高中学子对祖国的深情与热爱。正如文中所写,2020"奏响了一段爱的交响乐",这充满挑战、凝心聚力的一年,这高中生笔下的"如歌岁月",必将在历史的长河中熠熠生辉,给予我们深爱的国家前行的不竭动力。

指导教师:胡中宇

窗边的自信

我家的客厅窗口正对着一处公园。

这里以前是菜地，经由环境整治，最后变为一处环境优美、植被茂盛的公园，成了附近居民饭后散步的去处。疫情时，这里被当作一个小小的物资集散地。

2020年伊始，疫情初期，我隔离在家中。窗内，电视播报着疫情的最新情况；窗外，寒风卷起落叶，漫天飞舞，颇有些"八月秋高风怒号，卷我屋上三重茅"的味道。之前一到黄昏与清晨就热闹起来的公园现在只能听到鸟雀的啼鸣。直到有一天，一群身着红马甲的人，逆着鸟鸣声跑进，支起一座红色的帐篷。

从此，我眺望窗外终日不变的阴沉天空时，眼底总驻留着一抹红色。

每天早上7点左右，在大部分隔离在家中的人们还在酣睡时，这里就已经有戴着口罩、手套的工作人员进进出出。早上会有一些物资运来，因为道路狭窄，货车只能停在大路上，工作人员们手提肩扛物资小跑着，把货箱放在帐篷门口又急匆匆跑出去。负责统计的工作人员则拎起物资查看标签，时不时在本子上写点什么。下午，他们又会重复这个工作——将分好类的物资搬出，货车会将它们运送到不同的地方去。

就这样日复一日，物资进进出出。我时常能听见他们工作时口罩下的洪亮的招呼声，能清晰地看见他们吃饭摘下口罩时脸上的勒痕。他们休息时，鸟雀会从容地一蹦一跳，在他们背后的草地上觅食。风中残存的"硝烟味"时刻提醒着我们不能松懈，但我却分明看到了别样的和谐美好！

我不仅在现实的窗边眺望，在虚拟的窗前，也有我孜孜不倦的身影。由于国家的政策正确以及广大人民群众的配合，疫情被及时控制住，复工复产顺利进行，我也开始了网上学习。依托上海市优秀的教育资源与线上平台，以及我校的校网，在这扇虚拟的窗前，我的学习也没有落下。在充实的生活与繁忙的学习中，我已经没有空去恐慌了，相比于最初的无秩序的生活，每天早起晨读、中午做难解的数学题、睡前阅读英语，一切有条不紊，也让我感到自信——作为学生，对自己的学习，对学校的教育，对中国的文化。

国内的形势很明朗了，国外的疫情却依旧一片阴霾。在某些西方国家，是否戴口罩甚至已经成为一种政治标志。他们鼓吹的所谓的自由平等在病毒面前一文不值，然而直到现在，仍有人活在自由的虚伪泡沫中。作为成功控制疫情的典范，作为 2020 年世界经济体中唯一实现正增长的经济体的中国，不断对外提供抗疫物资、交流抗疫经验，与世界人民共渡难关。不只是我，我相信每个中国人都能感受得到这份自信——道路自信、理论自信、制度自信、文化自信！

钱锺书先生曾经对窗有这么一番见解："有了门，我们可以出去；有了窗，我们可以不必出去。窗子打通了大自然和人的隔膜，把风和太阳逗引进来，使屋子里也关着一部分春天，让我们安坐了享受，无需再到外面去找。"有了窗，我们就变得安定、沉静……

随着开学的到来，我很久没有站在窗边眺望了。待我回到那里，公园早就恢复了往日的幽静。树叶一如既往地被风吹着，发出沙沙声，鸟儿不时从天上降下，在草坪上蹦跳几下，又飞上天去。只有树干上的被勒过的白痕与一片略微显得平实的草地，使人们想起曾经那段一起奋斗的岁月。

人们的生活已回到正轨，也许若干年后，新冠病毒的灾难景象也会湮灭在历史长河中，留给人们的只有寥寥几笔文字，但抗疫的片断一定会留在站在窗前眺望的我的脑海里，留在像我一样，站在窗前伸长脖子的千千万万个"我"的脑海里。我们仰观宇宙之大，俯察品类之盛，抬头在星空中畅想未来，低头在泥泞中留下脚印。最终，那千千万万个"我"都会汇聚成一个"我"——中华民族永不磨灭的自信与骄傲！

同济大学第一附属中学　邓宇恒

这篇散文中，一个心怀天下的少年在这段特殊的日子里，借由不同角度的"窗"获得了内心的力量——对于祖国的自信、对于自身成长之路的自信。"我和我的祖国"不是抽象的，内心涌动的绵绵的情思贯穿在观察一线抗疫工作者、在家里上网课、获取国际国内形势新闻、再次眺望窗外回望这段时光几个细腻真挚的素材中，思接千里而自信之情浓烈鲜明。作者不露声色地运用各种艺术手法，直抒胸臆与含蓄隽永形成和谐的旋律，激越而理性的少年爱国之情，跃然纸上。

指导教师：黄珊

初心如磐　不负韶华

2020 年是极不平凡的一年,在这一年中,我们众志成城,共同经历了抗疫、抗洪、灭山火……克服重重艰难险阻;在这一年中,我们 14 亿同胞心连心,走出严冬,拥抱暖春;在这一年中,我们守望相助,让世界人民知道中国之强大与自信。这一切是中国共产党引领着我们坚定信仰与自信,自强不息;引领着我们继往开来,所向披靡。

"春暖花开当归期",2020 年 4 月 8 日,是一个有着特殊意义的日子,我的妈妈驰援武汉回来了;而被尘封了 75 个日夜的武汉也在那一天重启了播放键,这座被"感冒"封印的城市终于冲破了结界,涅槃重生,有序地回归正常生活,走向了新的春天。

妈妈临危受命,在 2 月踏着经年不遇的立春后的皑皑白雪,在一个极寒之夜带领着医疗队 30 名队员赶赴荆楚之地——湖北省武汉市。至此,妈妈的工作战线从上海发热门诊定点医院转移到了武汉雷神山医院,从严冬到暖春,从长夜到破晓,开启了 45 个日夜的逆行、45 个日夜的坚守、45 个日夜的奋战。

在此之前,"雷神山"是我在新闻媒体中所看到的中国奇迹、世界奇迹;不承想,今日之神山离我既远既近。远是因为地理位置的距离,是因为它是一座封闭的城市,是因为它"触不可及";近却是因为我的妈妈奋战在那里! 因为从妈妈的视频"家书"中雷神山仿佛就在我眼前,我已然"身临其境"。

妈妈告诉我,随队的 30 名队员,其中有 22 位护士姐姐,90 后占了绝大多数。这些平日里的上海"嗲妹妹",在雷神山个个都展示了宝藏女孩的潜质:她们是开科时的建筑工、搬运工、装修员;在抗疫的最前线——感染病房舱内,她们又化身为与病毒博弈的钢铁女侠,挥剑(护理用具)斩魔(病毒),所向披靡;在对待被疾病折磨得痛苦不堪的病患时,她们就是开心果、小可爱,更是病患们的妹妹、女儿、孙女。

她们将青春之花绽放在了祖国最需要的地方。

妈妈告诉我，当看到从不同隔离点转来的病患，在病区门外无声地自觉地保持着安全距离，等候完成进舱手续时的那种坚忍的眼神；当看到医生护士的双手紧紧被患者握住时，患者眼中那种希望的眼神，这一幕幕无不让人动容！

我问妈妈，你害怕吗？"怕什么！家国天下，有国才有家！"妈妈说，此次战"疫"，保卫的是国家感控，守住了国家，才会有千千万万个小家的平安。国有令，召必战，医者担当，不容害怕，更不会害怕！只有冲锋陷阵的热切！

我也曾问妈妈，是否有让你开心的事？"当然有啊！最高兴的就是给患者颁发出院证明的时候，那是一份与死神'对簿公堂'，之后'胜诉'的'判决书'，是一张通往健康人生的通行证！"

抗疫之路，生的希望从未停止，感动无处不在！这一场前所未有的鏖战，拼的是万众一心的斗志，拼的是一往无前的毅力，拼的更是忘我无我的大爱情怀！

如今，妈妈从抗疫前线归来后又投入医院常态化防控工作的主持任务中，每一次讲述抗疫经历，妈妈都会跟所有的听众说，没有共产党就没有现在的岁月静好。我的妈妈是抗疫的亲历者，我作为一名抗疫战士的家属，真真切切地感受到共产党不畏艰难的精神引领，对党的热爱、拥护、忠诚之情更加深切。

抗击疫情的过程涌现出一幅幅共产党人不忘初心，使命在身、勇挑重担的画面。2021年我们党即将迎来建党100周年，我们在学习"四史"、重温历史中可以发现，正是在中国共产党的领导下，一代又一代共产党员舍身忘我、奋斗终身，换来了我们今日幸福的生活。上海是中国共产党的诞生地，是我国马克思主义的传播地、社会主义建设的重要基地、改革开放的前沿阵地。位育中学身处其中，融入了这红色的血脉。"位育"一词取自《中庸》的"致中和，天地位焉，万物育焉。"李楚材先生把它表述为"生长创造"。教育兴邦、读书兴国，作为一名学生，读书是发展之根本，读书是为了更好地知晓历史，坚定初心。作为一名位育学子，我亦感同身受。我们学习"四史"、重温历史，以史鉴今、资政育人——读"四史"以加强党史、新中国史、改革开放史、社会主义发展史学习，让红色基因薪火相传，使命勇担在肩，切实增强信仰、信念、信心，做到信仰如山、信念如铁、信心如磐。

翻开风云激荡的红色篇章,在历史中汲取力量,为的是不忘初心、牢记使命、永远奋斗。习近平总书记指出:"我们走得再远都不能忘记来时的路。……党的事业发展永无止境,共产党人的初心永远不能改变。……唯有不忘初心,方可告慰历史、告慰先辈,方可赢得民心、赢得时代,方可善作善成、一往无前。"

少年强则国强,吾辈当自强!只争朝夕,砥砺前行,初心如磐,不负韶华!

上海市位育中学　李彦泽

情感真挚、见微知著是本篇文章最大的特色。作者从母亲写起:作为护士长的母亲在疫情险峻关头毅然决然带领医护人员前往战"疫"前线,她借助视频向孩子讲说雷神山的故事,描绘危险的病毒、艰难的疫情在平日里被称作"嗲妹妹"的护士们面前不堪一击的画面,而那"钢铁女侠""宝藏女孩"戏称的背后更彰显医护人员的力量与责任、义无反顾与职业操守,细节读来也让人为之感动而振奋。当然,作者的笔墨不止于此,疫情期间母亲、医护人员和更多共产党员的精神也在引领着他,让他坚定初心并以实际行动肩负社会责任与时代使命,文字间昂扬着时代青年的蓬勃朝气。

指导教师:许钇宸

微笑的阳光

风中、雨里，阳光一路相随。

暖黄的"阳光"

他们被称作"美食的骑士"。

一个人在家，当我饥肠辘辘地来回徘徊，当我焦躁不安地迫切等待，我是多么热切地期盼透过窗户看到楼的那边闪现出他们的身影——穿着暖黄色"战袍"，戴着头盔，风尘仆仆地驾着电动车疾驰而来。他们停下车，从保温箱内捧出一个袋子——那是饿着肚子的人的火热期盼。

"叮咚！"大门赶紧打开，他们微笑着传递了手中的温暖。接过颇有分量的食物，眼中是暖黄色制服映衬着的微笑，他们像小太阳一般给空气染上了点点温度，给人以极大的慰藉。

他们是再平常不过的外卖小哥。

"阳光"被遮住了？

曾几何时，天空被无形的阴影蒙住了。

电视机中层出不穷的新闻报道，日日攀升的数字，时隐时现的街坊传言又为生活添上一层惶惶的色彩，好似在那被家门隔开的外面世界的某处会潜藏着危险。隔离，居家，或许是那段时期的代名词。

"叮咚!"透过猫眼,我又看到了那个身影:还是再熟悉不过的暖黄色制服,他的手中还是那一份热气腾腾——只是他的微笑消失不见,取而代之的是一层口罩和一层头盔。"阳光"被遮住了吗?

可那双露在口罩外的眼睛却暗含了什么。他眸子中有疲惫的神态,却闪烁着,如同透过云层的缕缕浮跃的光。

想起在电视新闻中,我常常捕捉到他们的身影:他们或是载着有急需的乘客火速前往目的地,或是装着物资忙于运输至各处,或是携着食物准确放在每家每户的门口。他们不再只是"美食的骑士",他们成为冲在一线、真正的骑士。

但除了暖黄,我眼中又逐渐出现了许多其他色彩,愈发丰富起来:同属外卖行业的天蓝,手持快递信件的墨绿,怀揣炽热志愿之心的火红,奋斗日夜、在"战场"上争分夺秒的洁白……

阳光永远不会被遮住。

在一线上,在支援队伍中,在后方阵营里,还有着无数"阳光",他们面对来势汹汹的危急情形坚守在了自己的岗位上——他们试图让光缕汇为光束,穿破疫情的阴云。

耳旁是喇叭中的呼吁,我戴好口罩,将要捐赠的物件整理成箱,怀着一种庄重的心情放到了桌台上。

而后,又在新闻中看到运送爱心物资的大货车,我不由地微微遐想——我的那一份,也在路上吗?

每个人都处在疫情的风暴之中,可每个人又在潜移默化下不知不觉参与了这场漫长的攻坚战——正所谓"众志成城,共克时艰"!

✳ 拨云见日

"……疫情已基本被控制住……"

路上的车流人流逐渐活络,城市再次生机蓬勃了起来。抬眼望去,云层散开后的晴空比以往更胜一筹地明媚,而久别蓝天的人们也比以往更加感到了温煦阳光的珍贵。

"叮咚!"我安然地打开了家门,和从前一样地接过外卖,内心却是翻涌着不一样的情感。从外卖小哥手中接过的,于我可能仅仅是一份食物,但若是对那些曾处在"红区"的人们呢? 是一份支持? 一份援助? 抑或一份信念?

"祝您用餐愉快。"带着微笑的一句话。我抬头,虽然与微笑的距离相隔了一层口罩,可他眼中盛满的笑意有着拨云见日的力量,也有着一如从前的温暖。

就像……窗外的阳光一样。

这一路上的阳光往往不是岁月静好的代名词,而是一直有人在负重前行。那些五颜六色的身影仅是那明媚阳光中的一束,还有太多温暖包裹在身边,让身边的一切也熠熠生辉。

上海市位育中学　陈　闵

陈闵同学的这篇文章情感真挚而构思新巧。

她从疫情期间居家生活所接触到的外卖员起笔,由暖黄色的制服联想到五颜六色的着装,由默默无闻的劳动者勾连到各行各业的逆行者,并以"拨云见日"这一意象来统摄他们。三个小标题下,是"我"和"阳光"的三次接触,每一次"我"都感受到了温暖,但同中有异,"我"从暖意的接收者成为传递者,"我"对困境、对生活、对身边熟悉的陌生人的认识也逐渐深化。于是,"众志成城,共克时艰"不再是口号,"岁月静好""负重前行"也不再俗滥,而成了水到渠成、流淌自内心的诚挚感慨。

指导教师：颜敏玉

百年涛声

江水扬波,明星涤尘。

我立足于黄浦江畔,看着幢幢高楼林立,望着艘艘游船前行。夕阳之下的浦江如流金浮动,只听佩环声声,拂去耳边的喧嚣。

江水滔滔,送来了时代的兴替,更送来了挑战与劫难。租界让这座城分隔两畔,众目相对,一面烽火连天,一面辉煌靡烂,人们一时迷失,不知该如何面对现实。正是至关重要的时刻,13颗新星燃起了时代的奔流,一支鲜为人知的队伍于此诞生。不论未知与迷惘,石砾与尘埃,尽数破碎在中国共产党的笔尖与行动之下。

不觉间,已至黄昏。抬头,浦江大桥闪动着白光,优美的弧度联结起两岸,车流不减白昼,红色的尾灯如同流星。白光之下红光流动,美轮美奂。

我踱步于这景致之下,看着明明如月,望着漫天星辰,浦江的夜景荟萃了整座城的精致与绚烂,江水披着流萤,送来绵延的思绪。

想来,经历了多少,我们才拥有现在。从开始的经济落后、发展停滞到站起来,再到富强起来,正是因为共产党的出现,把过去的暗淡驱散,把改革的春风送至大江南北。2020年又是一关。面对突如其来的疫情,千万中共党员冲到一线,率军出征。他们怀揣专业的知识、坚忍的意志与满腔的热情,马不停蹄,支援八方。在这大半年的阴霾中,无数党员如红烛,如明星,借逆行的勇气在各时各地发光发热。如"吹哨人"张继先,她率先发现可疑病毒并果断上报,让这场战役及时打响;又如"网红医生"张文宏,他站上各大平台,向民众普及疫情知识,用风趣的语言与专业素养抚平民众的不安;更有钟南山院士,年过八旬却奔波在一线,正是他精准的预判与决断,让疫情得以高效地减缓……同时,脱贫攻坚的脚步也未放慢,11月23日,中国最后一个贫困县摘帽,改革开放以来,7亿多人口摆脱贫困,即使是如此坎坷的时候,中国的脱贫攻坚之路仍在不断向前延伸!

江水又起，送来跃动着的月影，浪涛带着星光奔去，好似潜龙，跃起、腾渊。

我行走于黄浦江畔，看着浪涛层层叠叠，听着水声此起彼伏。这本就是如此不断奔涌的时代！历史更迭，前景绚烂！我们享受着看见的权利，看到大江东去，看到外面的世界和外面的人，看到我们拥有的不止现在更有未来！我们享受选择的权利，各种职业，各种兴趣，甚至各种肤色，各种样貌；我们可以从小就知道路在何方，知道自己的兴趣和努力方向，对自己不惑，对前方不惑。我们还享受着互爱的权利，如此现代、繁荣的城市，让我们满怀自信，看待他人心怀欣赏，让我们有宽容的心胸，容纳更多元的生活；让我们马不停蹄，去大胆爱自己，爱他人，去跃起，去奔跑，因为我们心中有火，眼里有光！我们所拥有的是百年来千千万万前辈的努力与智慧的结晶，应该畅想的是跟随党员和先锋不断向前、不断进步的未来；肩上所负的，是发扬共产主义思想与精神的时代责任，是好好学习党的经验，牢牢记住党的教诲，记住踏踏实实走社会主义之路的道理，怀揣对道路、理论、制度、文化的满腔自信，走出光明璀璨的特色之路。

百年涛声，百年所向。朵朵后浪定不负前浪，一心向前，一心向党。

上海市育才中学　金旻煊

本文以"百年涛声"为题，将黄浦江的涛声与中国共产党的百年历史结合在一起，构思巧妙。文章分为过去、现在、未来三个部分，选取了典型事件、典型人物，书写了祖国百年来的沧桑变迁，并能够立足当下展望未来，体现出当代青年的国家自豪感和社会责任感。文气充沛，格局宏大，情感真挚，充满正能量，颇具感染力。

指导教师：汪晟吉

纵死犹闻侠骨香

——记中国共产党早期领导人之瞿秋白

翻开中华 5000 年历史长卷,有这样一群人,他们点燃自己的血肉之躯,为中华民族照亮了前行之路;他们身体力行诠释了什么叫民族脊梁,铁骨铮铮;他们舍生取义,留下了万古浩然正气,催人奋进。

我的故乡虽是温润软糯的江南水乡,却养育出了这样一位顶天立地的先生。

他是中国共产党早期领导人之一,他是报道十月革命后苏俄实况的第一人,他是用文艺体裁描写列宁风采的第一人,他是完整翻译《国际歌》的第一人……他,就是瞿秋白,一个在战火纷飞、山河破碎的年代里始终坚守理想的人。

瞿秋白,出生在常州的书香门第,家族世代为官——要是没有战乱,他也应当是个优秀的地方官。就是这样一个人,却选择用自己羸弱的肩膀与其他革命战士一起,成为晦暗岁月里中国的脊梁。

1919 年 5 月 4 日,爆发了五四运动,不过 20 岁的瞿秋白选择走上大街,汇入了由千千万万爱国学生组成的汪洋大海,去向市民、向政府宣扬自己拳拳的爱国心——当时的他也只是一个跟我们差不多大的青年人吧,但却以一腔热血,绽放自己绚烂的青春。

1935 年 2 月 24 日,瞿秋白在福建省被俘,被押期间写下了《多余的话》。6 月 18 日他写完绝笔诗,在中山公园拍下了最后一张照片。尽管死亡将至,他却浑然不惧,用毕酒菜,漫步走向刑场,沿路高唱《国际歌》,并写下了"人之公余稍憩,为小快乐;夜间安眠,为大快乐;辞世长逝,为真快乐也!"这样让在场士兵目瞪口呆的语句——即使是面对死亡,他依然怀着文人的浪漫与幽默感。他手夹着香烟,神色自如。刑场离中山公园有 2 华里,若是个怕死的人,怕是连步子都迈不动,是要被拖行的。他却"胜似闲庭信步",走完了人生中最后一个 2 华里。随后他找了个地方盘腿坐下，回头看了看行刑者说："此地甚好，开枪吧。"接着饮弹洒血，从容就义。

革命家之所以为革命家，是因为他们怀抱为生民立命的重大决心，纵然在最艰难的时刻始终怀有对革命的希望，葆有一颗热忱之心。从选择参加革命的那一刻起，就没想过全身而退。他们是为了革命事业可以将自己燃烧至死方休的人。

共产党人的气节并不仅仅是面对死亡时异于常人的冷静与从容，更是在敌人的威逼利诱面前，始终保持松柏般挺拔而高洁的品质。

国民党在知道瞿秋白的身份后如获至宝，前后一共组织了8次劝降，他始终不从。"人爱自己的历史，比鸟爱自己的翅膀更厉害，请勿撕破我的历史。"瞿秋白假若投降，必定会受到很好的待遇，当时的军统头子是他曾经的学生宋希濂，国民党内部也有人主张留下他。可他宁死，也不愿意以低头换取将来的苟活，这就是瞿秋白，一个真正的共产党人。

共产党人的精神如炬火，代代相传，永不熄灭。

当新冠肺炎疫情席卷华夏大地时，各行各业的共产党人放弃与家人团聚的机会，毅然投身到与疫情的斗争当中，他们何尝不像战争年代上沙场的士兵们——"孰知不向边庭苦，纵死犹闻侠骨香"——正是这种国家至上，人民至上的信念，才使得中国及时稳定住了慌乱的民心，稳定住了肆虐的疫情。

革命年代，千千万万共产党人用鲜血和生命撑起了羸弱的中国；和平年代，千千万万共产党人面对突发的社会公共灾难，无畏前行。而作为国之未来栋梁的我们，则应当自觉担当起中华民族伟大复兴的重任，用中国梦激扬青春梦，为建设社会主义现代化强国贡献自己的绵绵之力。

致敬英勇不屈的先烈，致敬伟大的党！

上海市育才中学　　侯静怡

　　文章追忆了中国共产党早期领导人之一瞿秋白的生平事迹,突出了他对革命理想的坚守,对革命事业的热切追求,被捕后面对敌人诱降的矢志不渝,面对死亡的从容冷静。

　　文章的突出亮点是作者参考史料,发挥合理想象,运用细腻生动的笔法,缓慢从容地描述了瞿秋白先生就义前后的点滴细节。面对将至之死亡,瞿先生浑然不惧,始终保持一个共产党人的高尚风骨:写绝笔诗、拍人生最后一张照片、漫步走向刑场、高唱信仰之歌、抒发死亡之乐乃至盘腿坐下,言"此地甚好,开枪吧"等,一系列极富画面感的镜头,将瞿先生视死如归、舍生取义的壮举写得动恻人心。

　　最后作者从瞿秋白先生个人之气节升华到千千万万共产党人之气节精神,以及这种精神在时代发展中的传承延续。号召一代青年人勇担中华民族伟大复兴之重任,致敬先烈,告慰先烈,呼应主题,激人奋进。

指导教师:梁昌玉

默　然

＊ 01

边角泛黄的米白色窗帘把教室外的光裹住,仿佛有意不让里面的人看见。晚自习开始前,扬声器坏掉的电子屏幕正播放着新闻,只剩五彩的画面里人头攒动。教室里的一片寂静不给声音逃窜的余地,也不给窗外喧哗的精灵乘风进来的机会。

＊ 02

无声的新闻更是给原本就低气压的秋,平添了一份沉闷。

靠窗的他把下半张脸埋在衣袖围成的暖炉里,屏幕里嘴唇翕动之间,模糊的吐字逐渐变得清晰:"……入党是参加……建设了支委村委……更加忙了……但也更加快乐……"恍惚间勾起初春的回忆。

那时窝在卧室的桌旁,睡在隔壁的,是客厅里疫情的即时播报。"……我市近日新冠肺炎疫情形势严峻……请市民们减少出行……上街谨记佩戴好口罩……"紧张的气氛弥漫着整座城,惹得这座原本平淡的城市整夜不熄灯火。街道上空暗香浮动,云一片片堆积,其中含着云儿紧张凝聚成的汗水。云下的医院仿佛一张巨口,作势要吞噬无数已经碎裂的心,把它们埋葬在黑暗的深渊。

深渊中却有着日夜不分的奔波。洁白的防护服勾勒出医护人员的身影,他们用不曾停止的温柔,与死神无声地搏斗着。钟南山、李兰娟、王辰院士是无边深渊中的定海神针,我市张文宏医生也怀揣丹心,一句"党员先上",斩破风浪立于前线。

"我只是你们工作中的匆匆过客,而你们是我的人生转折。"一位在张医生回春妙手下康复的患者赠言道。可他们,又怎么是过客呢?

"《红色的起点》昨晚……首部纪念……'试看将来的环球,必是赤旗的岁月!'"教室屏幕的那个声音突然激昂,本是只有栖在窗外枝头的戴胜偷听,这下每个音节都肆无忌惮地在教室里窜袭,惊醒几个将睡未睡的人儿,惹出一阵带窘的哄笑。

"嘿,安静点儿看。"一个声音从角落里散开,瞥过去,是他。

03

可以说是离一线最近的时刻吧,几个月前,那个喝止声的主人,他的父亲正在华山医院,与新冠肺炎这个魔鬼搏斗着。

犹记得网课时期的班会课上他抱怨道:"我爸说党员就应该有冲在前头的意识和觉悟,在这个紧急关头,正是他应该挺身而出的时候。此诚危急存亡之秋也。尤其是他作为医生,更应该去医院。"

有幸在后来的班会上瞻仰了这位勇士,虽然他青丝零星成雪,但眼神中透露出不屈服于黑夜的坚决。那时在想,明天会在什么世界?是否会接受听见另一个世界传来的垂怜?无须用言语作出回答。因为透过勇士,又看到无数个坚决的眼神汇聚成光,在这个裂缝出现的时刻,照进每个人的心里,带来希望。他们用凡人之躯,比肩神明。

04

而那个时候的自己呢?

逃开了外界的奔忙紧张,在平淡乏味的安然中,偶尔戴着口罩警惕地穿梭。大部分的时光,都在与泡面和网课做伴。初春仍然是那样料峭,和往常一样,并没有什么亲友佳客光临,更见冷清。但却知道,仅仅待在家中实有着不同的意义,简单的自我隔离,成了每个人的使命。

偶尔也在手指刷过疫情时事的暗夜,不可抑制地燃起一团火焰:我们这一代人乘着前人支起的帆,在旷野漂流,用脚踵去膜拜未来的每一片未知的领域。疫情只是大海的一次咆哮,还有多少惊涛骇浪是需要我们在微明中与浪花一同飞扬着度过……

然后只是报以世界一个浅窝。

 05

今夜的新闻已经在寂静的注视中落幕,眼前或者脑中红色的身影却像落在某处,成为擦不掉的暗影。从衣袖围成的暖炉里钻出,心知未来的编撰权落在自己的笔尖。

生命从来不喧哗,未来的路请默然地踏行。

同济大学第一附属中学　石珅源

面对建党百年的宏大话题,本文巧妙地从细微处切入抒写心怀。作者选取了疫情复课后观看新闻的真实片段,将回忆一一唤醒、感怀缓缓道出。现实昏暗迷离氛围中党员事迹的播报,勾起作者疫情居家期间似曾相识的情境体验,其时钟南山、张文宏等英雄人物在疫情中的突出事迹让作者切实体悟到党和人民英勇无畏的奋斗精神。继而由一支插曲回到现实,借此引入本班抗疫家长之事及当时聆听的自己,其后着重交代自己在疫情期间心灵的激荡。文末以现实中新闻落幕顺势收束,抒发自己追随党默然前行的笃定。

全文构思巧妙,文笔细腻,真实可感,在现实与回忆自然交错中,缓缓交代出自己在疫情中的心灵收获。作者气质自然流露,恰与文章情怀"默然"相契。

指导教师:陈洪典

一路曲折一路歌

满目疮痍、民不聊生的悲怆年代已经过去,但真理和信仰百年来仍在人们心间流淌;战火弥漫、血雨腥风的战争岁月已经远去,但无畏的精神风骨永远刻在了中国人的血脉里。

在历史记忆的深处,朦胧迷离的嘉兴湖面上,李达的妻子、党外人士王会悟女士,手撑油纸伞坐在船头,为一群焕发着年轻活力的共产党人放风。船里,缓缓唱起铿锵有力的《国际歌》,打破了山水江南的淳朴和宁静,历史的传奇在山水中若现若隐。一路坎坷一路歌,中国共产党经过艰苦卓绝的奋斗走过了100年的风雨历程。

19、20世纪的中国,遭受了太多的灾难和屈辱。西方列强欺凌,封建主义压迫,军阀混战民不聊生。顾维钧将去巴黎和谈时感叹:"弱国无外交啊!"巴黎和谈失败,他对着各国代表说:"你们凭什么把中国的山东送给日本人,我很愤怒,中国人永远不会忘记这沉痛的一天!"消息传来,举国震动,各地莘莘学子无所畏惧地走上街头,高呼着"爱国无罪""革命万岁"等口号,发起了让历史铭记的五四运动。青年学子的拳拳爱国之心震撼激昂,感召日月,他们的激情以其独特的魅力凝固在浩浩的历史长河之中。

100年前,青春意味着勇敢战胜懦弱;100年后,青春同样象征着进取战胜安逸。现如今的我们亦当有坚实的自我,炽热的感情和坚定的信念。100年前的莘莘学子所拥有的气魄和心境足以气贯长虹,当下的我们亦少不得如此意志和力量。

"不在沉默中爆发,就在沉默中死亡",当压迫超出了民族的容忍限度时,总有那么一群不愿低头的人站出来,引领这个民族走出黑暗,去向光明,这就是中国共产党。在那个风雨飘摇的年代,在民族存亡之际,李大钊、陈独秀、毛泽东、周恩来……为了民族命运前途而奔走探索。先驱陈独秀慷慨激昂"要想存其一,必先废其一",将中国拉进现代大门。他在上海创办《新青年》,就是要打破沉睡在人们心里2000多年的旧观念。那个正在翻译《共产党宣言》的陈望道,竟把墨汁当成红糖水喝了下去,第一本中文版的《共产党宣言》带来的是:真理的味道很甜!"为中华之崛起而读书"的周恩来,无畏当权者的霸凌,在街市宣传共产主义,带领学生在狱中作斗争。还有无数为了新中国抛头颅、洒热血的爱国志士、革命先烈,他们的风骨精神已化作历史上一曲永恒悲壮的绝响!他们用激情和热忱点亮了茫茫黑夜里的一盏灯,摸索前行,点燃了那一代的民族魂。现如今的我们仰望星空,咏叹先辈丰功伟绩的同时又该如何释放蓬勃的生机,撰写属于自己的青春呢?

纵然时代不同了,理想也不同了,然而对信仰的坚持和肩负的责任仍在激励着我们寻找青春的热情和动力。我们见证了这个时代全球新冠肺炎疫情的暴发,贸易战的白热化,科技产商之间的博弈。我们见证了新冠肺炎疫情大暴发下的中国力量和大国担当。在这场没有硝烟的战争中,中国人民爱国、团结、识大体,我们的党和国家能集中力量办大事。当疫情蔓延至全球之时,中国不忘"投我以木桃,报之以琼瑶",向疫情严重的国家提供抗疫物资和检测设备,分享疫情防控和诊疗方案。风华正茂的我们,不能奔赴前线,我们默默地在社区街道边花一份心思,出一份力,平凡地释放温情,温情多了,中华大地也会温暖。这时,蓬勃的青春足迹足以转化为不朽的青春。

我们见证了脚踏实地、兢兢业业的创业者、劳动者,我们为美国打击中国民营企业华为而不齿,我们见证了华为的民族气节。当美国提出只要让美国人入股华为,就降低关税条件时,华为坚决地说:"NO!"那是刻在中国人血脉里自古有之的"无畏"。华为总裁任正非,在女儿被以莫须有的罪名限制自由,在企业被打压的情况下说过:每个人做好一件事,就会成就伟大的祖国。华为精神就是我们新时代的民族精神。

青春的理想、信念、意志和力量,都只能用行动展现。"青春",是一个名词,一个形容词,更应是一个动词!

今天的我们,面临着新时代的挑战和压力。"落后就要挨打""弱国无外交"像一把把利剑,警示着我们要有危机意识,要未雨绸缪;强大、振兴、独立、博爱像一面面旗帜挥舞着,引领我们无所畏惧去迎接前路的艰险。每个人的力量都是有限的,我们也不奢求一言兴邦、改天换地,但是正是这种有限的"无力感",才更需要我们执着。改变不了大环境,就改变小环境,许多"个人"加起来,便是"时代"。我们唯一可做的就是一点一点地努力,让我们所处的时代成为最好的时代。

青春要有"明德格物,立己达人"的情怀,要有所在意,有所守护。唯有如此,在备受呵护下成长起来的我们这一代,才不会迷失自我,才不会变成习得了十八般武艺的"空心人"。青春的意义无法在一己私利中发芽,如果我们学习研究只为了一时的名利,那么我们就会麻木自己的内心,就会缺少长驱的内在动力,我们就无法享受到青春特有的生命的真正欢乐;如果我们努力只为了活成别人眼中羡慕的"成功",而对自己生命的真正意义、价值不关心,那么我们将顺着贴着"成功"标签的跑道,每天气喘吁吁地奔着,却不知自己要去向何方。学习、做学问应该是"好玩儿的",它是自我生命的不断创造与更新,是为了自我生命的欢乐与自由。为了美丽的知识去学习、去研究,把学习、工作和自我生命融为一体,这样,我们所做的每一件事,都会使自己体验到自我生命的意义和价值,我们的青春就像是一颗饱满的种子,充满奋进的力量,每时每刻都在进入生命的新生状态。

茨威格在《人类群星闪耀时》中写道:"一个人生命中最大的幸运,莫过于在他人生中途,即在他朝气蓬勃的时候发现了自己的使命。"中华5000年的文明赋予了我们历史责任和新时代的使命——以独立之志,做弘毅之士,每个人都应该是自己人生的领导者。托克维尔曾说:"当过去不再照亮未来,人心将在黑暗中徘徊。"百年奋斗目标如同一支火炬,年轻的我们将以青春最饱满的力量传递着,使它燃烧更加炽热,照亮未来。爱国激情和奋斗不屈是我们最浪漫的情怀,也是我们行走在世界民族之林最骄傲最自豪的通行证!

上海大学附属中学　张鲁媛

本文主题鲜明，富有激情，体现了"青春"着的学子难能可贵的情怀。

首先值得赞许的是作者以天下为己任的志趣、热情和自信。我仿佛看到一个青春学子的剪影，在中华百年历史中缓缓徜徉，俯首思索，然后豁然开朗，抬起头，展望前路。这可以称得上是一个超凡脱俗的形象。

其次值得肯定的是作品的"实"。除了主题丰盈、材料的充实，也有写作功力的扎实。行文并不空洞，理想也并非停留在口号。作者从先辈、前辈的身上感悟到理想的美好，更在先辈和前辈身上体会到"实践"的重要，视点落在当今，行动落在自身实际。笔墨正是以此为过程展开。胸中有理想，眼中有天下，脑中有规划，笔下有层次。

另外，文章语言与主题相得益彰，作者的阅读积累较为丰厚，举例和引用都仿佛信手拈来，自然贴切。

指导教师：张绥娟

心怀百年奋斗目标　彰显青春蓬勃力量

　　2020 年是不平凡的一年,是我国首个百年目标"全面建成小康社会"的收官之年,还将是我国在实现中华民族伟大复兴之路上的一块重要里程碑。

　　更为特殊的是,一场突如其来的疫情为我国出了一份棘手的"考卷"。但恰恰是这次考核,中国人民展现出了伟大的斗争精神,中国共产党率先交出了一份令世界满意的答卷。

　　我想,在这惊人的抗疫力量中,不仅仅有像钟南山院士一样老当益壮的爱国"大将",更多的则是不断挺身而出的 90 后。这些奔涌的"后浪"用他们蓬勃的青春力量,为世界展现出了中华民族的英姿。

　　而我,作为后浪中的那一小朵浪花,自小便立志成为那些白衣战士中的一员。但不同的是,小时候,想当医生,是因为医生可以自由地探索人体的奥秘。而在今天,想当医生,却是因为医生拥有非同一般的大爱与关怀,能为国奔赴前线、传播爱的力量、为实现中国梦添砖加瓦。

　　2020 年 8 月,我偶然间看到了瑞金医院医学体验营的报名通知。从小就想成为一名医生的我,哪肯放弃这样的体验机会,便果断地报名参加。报名后,我才在通知的底下看到:优先医生子女和高二学生。这两个要求我都不符合,顿时心中不免有些担心,但还是满怀期待自己能够被选上。

　　两天后,手机收到了一条短信:恭喜你已成为体验营的学员,你的分组是"发热门急诊"。看到自己竟被选中,我的手心也开始激动得冒汗,两眼直盯着通知,迟迟不肯将手机放回桌面。母亲听到我的欢呼声后,也好奇地赶来查看。可没过多久,母亲便担心地问道:"你怎么被分到发热诊室了? 现在疫情时期不会有问题吧?"我兴奋地摆摆手,激动的心早已飞到天外,憧憬着这次独特的体验。

　　9 月 5 日,我欣然来到了瑞金医院,准备投入前线的战斗。在感染科辛海光医生的带领下,我走进了神秘的发热门急诊,穿戴上了平时在电视上才能看到的"前线装备"。严实密封的 N95 口罩、雾气迷蒙的护目镜、吸吮着皮肤的橡胶手套,以及防水不透气的隔离服。汗水不久就便浸湿了我的防护服,视线也因此受到了干扰。迈着沉重的步伐,我首先进入实验室熟悉了用于核酸检测的 PCR 仪器。其工作原理是通过加热使蛋白质变性,放大扩增特定的 DNA 片段,使得核酸样本更容易显现出来。而后我又踏入了诊室,亲身体验了排查患者有无感染新冠病毒的过程。面对一位夜间发热的小女孩,我们先进行了基础的症状询问,查看了是否普通的扁桃体发炎,还对她作了旅居史和接触史的调查。最后,我鼓足勇气走进了隔离区,参观了负压病房和远程对接人工智能。在这里,护士可以与患者通过 AI 隔墙视频通话,反复对病人的情况进行监测。其中,"六不出"和"三通道"的院区防疫结构也很好地起到了对医护人员的保护作用。

一天的时光在不知不觉中飞逝······从医院回到家中,我躺在沙发上,脑海中还在回放着白天一幕幕令人难忘的画面。忽然,新闻中开始播报瑞金医院医学体验营的内容和学员成果。此时,我惊喜地从沙发上跳了起来,开始认真地倾听播报员接下来的每一个字······没过多久,果然,对我的采访和镜头出现在了屏幕上,我轻轻地叫了一声,心里有一种说不出的喜悦和满足感。

事后,我回想起看新闻时的场景,不禁反问起自己来:自己是真的很享受登上电视的感觉吗? 我想了许久,答案也许是否定的。在参加此次活动之前,自己的初衷是想感受和医生们一样的"前线"工作,想给予自己一个想当医生的崭新理由,更想为今后的中国献出自己的微薄之力。我想,医生是神圣的,救死扶伤才是他们的天职,大爱和奉献是他们的姓名贴。被采访只能算是一个小小的插曲,无法改变我想学医的初心。

而在这次活动后,我对援鄂医疗队中诸位英雄们的敬畏不断加深,想要成为一名医生的信念不断坚定。回想起整个抗疫的过程,白衣战士们用行动回应了百姓们的爱戴,展现了当代的中国精神与担当。同样,英雄和榜样在此刻不仅仅只是历史书上几个苍白的名字,他们其实就在我们生活中的每一个角落,我们每一个人都可以成为其中的一分子。

"他们不是生而英勇，而是选择了无畏！"

暑假里看了电影《八佰》，引发了我对"英雄"二字的深思。1937 年 10 月，谢晋元团长带领 400 多人的兵力，在全租界上海市民的注视下，于四行仓库坚守奋战了四天五夜，是所有上海老百姓和外国居民心目中的"那栋楼里守护着大上海的英雄"，是使日本军队闻风丧胆的"东方魔楼的镇守者"。他们用自己的鲜血和生命，唤醒了沉睡多年的中国人民。于是，那些在租界成天打牌搓麻将、玩鸟的先生夫人们，也接连站了起来，愿在这至暗时刻与我们的将士们同在。

83 年过去了，时光穿梭到了 2020 年。这里也发生着一场足以载入史册的战斗，战火席卷着整个世界。各路的战士们同样尽我所能，同样是为了明天的曙光而战。只不过这一回，现代科技让世界各地的目光聚焦于他们；只不过这一回，他们再也不用对外谎称有两倍于实际的兵力。只不过这一回，他们的战袍换成了白色，成为真正的"铠甲勇士"。面对未知的敌人，他们义无反顾地签下请愿书冲向前线。他们使得武汉，这座英雄辈出的城市，又多了一座丰碑。而在他们的身后，我看到了来自社会各界的慷慨相助，我看到了网络上的鼓励祝福如潮水一般涌来，我看到了为隔断传染途径而待在家中的千千万万名普通人。他们在尽自己所能，为这一道长城添砖加瓦。这些英雄的后裔，使全球疫情震中的人们看到了曙光，足以动人心魄！

侠之大者，为国为民。

在此时此刻，我想成为一名圣洁的白衣天使，以便能尽自己的一份力量使这份大爱的疆域更为辽阔。而在将来，希望医生们的善良和奉献能传递给更多的人，实现真正的大爱无疆！

放眼大局，在这个实现中华民族百年目标之际，中国共产党不忘初心、团结全国百姓共渡疫情难关。而作为中国青年的我们，更应展现自己的蓬勃青春力量，听党话跟党走，为中国崭新的未来增光添彩！

上海市川沙中学　夏昊衍

心怀医生梦,书写英雄魂。本文能从作者一次特殊的医学体验营经历起笔,角度独特,叙事完整,描写生动,从收到报名成功的短信的激动,穿上隔离服后的不适,回顾体验活动的满足,到看到新闻报道的兴奋,语言、动作、神态、细节等描写手法运用灵活自如,恰到好处;更值得肯定的是体验后有思考,记叙后有议论。从援鄂的英雄们到电影《八佰》中的抗日将士,敬畏之情洋溢在字里行间,文章结尾,直抒胸臆,重申了自己的医生梦,彰显了后浪的青春志,真实自然有力。

指导教师:顾红艳

艰难困苦，玉汝于成

100年，也许在历史的滚滚长河中不算什么，但是对于中国来说足以做出翻天覆地的改变。身处 21 世纪的我们走在新世纪的征途上，沐浴着清晨的阳光，享受着快速却安定的生活。然而回首眺望走过的历程，是那样的曲折不平坦。那条洒满鲜血的道路上记载着多少的风雨沧桑和艰难险阻。世界大战，解放运动，无数的共产党员抛头颅洒热血，前仆后继，才为我们赢得了国家的独立和民族的解放，才为我们赢得了现在的安稳生活。

在疫情期间，我们不理解 6 000 万意大利人为什么不戴口罩，就像他们不理解 14 亿中国人为什么都戴口罩一样！我们不理解 3 亿美国人喜欢在超市疯狂抢购卫生纸，就像美国人不理解 14 亿中国人为什么会乖乖宅家一个月一样！在其他国家还觉得新冠病毒不足为奇的时候，我们建火神山、雷神山、方舱医院，封城、封小区，不放过任何一个疑似病例；在其他国家成为疫情重灾区的时候，我们基本将疫情控制住了，甚至可以去支援其他国家。这不仅体现了中国人民在危急时刻的凝聚力团结力，也反映了中国的胸襟和大国风范。

在抗疫这场考验中，党领导人民交出了一份满分试卷，也为全世界人民做出了榜样。当疫情发生时，对比全世界各个国家的反应后，我由衷地感叹，幸亏我是中国人。这就是我对国家的信任，也是我对党的信任。

我们之所以可以在危难面前挺直胸脯抬起头，是因为我们坚定了道路自信，坚定了理论自信，坚定了制度自信，坚定了文化自信。新冠肺炎疫情发生以来，在党中央的坚强领导下，全国人民同心协力、共克时艰，取得了战"疫"的阶段性胜利，在战"疫"中坚持"四个自信"，对于进一步发挥制度优势，凝聚中国力量，夺取疫情防控和经济社会发展双胜利具有重要的意义。是党的领导让人民夯实抗击疫情的信心和底气，凝聚起抗击疫情的磅礴力量，充分发挥中国特色社会主义制度优势，为实现中华民族伟大复兴的中国梦凝聚精神力量。

党让我们14亿同胞团结起来坚守中华文化立场,讲好中国故事,传播好中国声音,向世界展示一个真实、立体、全面的中国,坚定不移走自己的路,不断推进国家治理体系和治理能力现代化水平的提升,中国特色社会主义制度必将越来越成熟,理论必将越来越深厚,道路必将越走越宽广。相信在全面建成小康社会之际,脱贫攻坚战决胜之年,党能够取得最终的胜利。

100年前我们被蔑称"东亚病夫",100年后我们是泱泱大国。共产党带领着我们建设社会主义新时代,共产党让我们崛起在世界东方的路途上。我们的党从无至有,经历艰难曲折无数,时至今日,我也更深一步地懂得了什么叫"艰难困苦,玉汝于成"的高深境界。宏图已绘成,号角已吹响,身为新青年的我们要成为有理想、有志向、有追求,坚持"四个自信"的接班人。

上海市复旦中学　沈　琳

沈琳同学的文字就像一位优秀导演的广角镜头,游刃有余地带着我们走过中国忍辱负重的百年,走过2020年新冠肺炎疫情下的全球。通过一位中学生的视角,我们看到了红色基因在抗"疫"战场上的薪火相传;看到了整个基层党组织的向心力,大家并肩作战、同频共振,为中国战"疫"提供了无穷的能量。更难能可贵的是,我们看到了一位中学生的价值选择和青年担当。

指导教师:王剑婕

逆行者的背影

100年在人类历史长河中，犹如沧海一粟，但中国大地已经发生了翻天覆地的变化。

当中华人民共和国刚刚成立时，美国人就打到了家门口。志愿军战士告别家人，告别祖国，那逆行的背影，换来一仗定乾坤，换来了和平稳定。近20万的英雄儿女用宝贵的生命，为中国在世界的崛起打下坚实的基础。改革开放时期，中国人民在中国共产党的领导下艰苦奋斗、筚路蓝缕，逆行者的背影探索出一条前人从未经历的大国崛起之路。自此，中国开始各个领域腾飞，我们几乎是以每十来年完成一场工业革命的速度，一路追赶，用四五十年走过了欧美发达国家上百年的路——一条由中国共产党领导下的中国特色社会主义的发展之路。

2020年，我们正经历着前所未有的考验，但我们从未改变负重向上的信念。哪怕激流滚滚，始终逆流而上。每一个平凡的共产党员，每一个平凡的共青团员，每一个平凡的我们，每一个中国人，都在用不平凡的方式前进。

风萧萧兮汉江寒，2020年的春节，湖北武汉的街头只有寒风凛冽呼啸肆虐，往日熙熙攘攘的城市显得异常冷清而寂寞。新冠病毒如无影的恶魔，渗入人们的生活中，攻击人们的身体，消磨人们的意志。恐惧、焦虑，人人避之不及。

但是，却有这样一群英雄，他们逆行而上，白色的战袍、坚定的步伐、无畏的眼神，让他们成为这一年冬天温暖的记忆。他们用一纸战书、满满的红手印，在生死线上用温暖的手，托起重病的生命，给予我们希望与力量。我们看不见他们的面容，叫不出他们的名字，因为一层又一层的防护服，遮掩了他们原本的样子。当他们脱下防护服，展现出如藤蔓烙印般的一道道深深浅浅的口罩压痕，满脸的倦容，却遮不住一个个淡定的微笑。

我常想是什么让他们克服恐惧，愿意用自己宝贵的生命换取更多人的生命？是曾经许下的誓言，是不变的初心，是责任与担当，是信仰与大爱……在我们的眼中,他们是一群党员、英雄,但在他们自己和家人眼中,他们也只不过是一个普通人。来不及享受春节团圆的温馨,便告别了自己的父母、孩子、爱人,离开了温暖的家,他们内心是怎样的不舍;他们中有的人父母还在病中,有的人孩子还未满月,还有的夫妻同时报名上前线。疫情当下,他们没有犹豫,没有退缩,牺牲了自己的安全,成为全国人民眼中的安全感之源。

《诗经》有云:"岂曰无衣?与子同袍!"引起我共鸣的不是当时新闻里很多为掩饰慌张情绪而强撑的豪言壮语,而是那句"中华民族历经了许多苦难,却从来没有倒下"。在我们的思想里育的是温良恭俭让的一团君子魂,在我们的血肉里养的是潇潇而立的一把君子骨。我相信我们能渡过无边无际的苦难,跨过张牙舞爪的荆棘,不是因为其他任何,仅仅是因为有人选择坚持,愿意逆行。如今,新冠肺炎疫情肆虐全球,中国是控制最有效的国家。我坚信这一件君子袍,能保一方太平,保万世安乐。

他们,逆行者的背影,让我读懂了中国人的灵魂、中国人的脊梁。

越是艰难时刻,越是彰显逆行的力量。2020年在疫情肆虐、全球经济下滑的大背景下,中国人民逆流而上,中国成为唯一经济正增长的国家,完成了脱贫攻坚战。当美国祭起狭隘的单边主义大旗,中国用"人类命运共同体"的理念支援各国,告诉世界"各美其美,美人之美,美美与共,天下大同"。军事、科技、航天航空、医疗,每一次的封锁都给我们留下了奋起直追的机会。无数研发者日夜兼程,奋斗者号载人潜水器在马里亚纳海沟突破万米,嫦娥五号登月成功采集月球土壤样品,中国的新冠肺炎疫苗研发成功……

我们相信举手之劳的力量,我们相信和命运对抗,哪怕一双手也能赢,然后高举拳头,把自己扬成一面旗帜。

疫情仍在肆虐,国际环境扑朔迷离,崛起之路很难一帆风顺。但是,当我们站起来,就不会再倒下。只要我们还站着,就能顶起一片天。当我们心怀梦想,就会插上翅膀,飞向不曾到过的远方。因为我们拥有一个强大的祖国——中国,因为中国挺立着千千万万个愿意逆行的背影。愿美好而强大的中国向上而行、奔腾不息。

上海市复兴高级中学　石　竹

　　回望中国历史，结合当下生活，中国共产党走过的 100 年，的确值得铭记、值得思考、值得展望。本文先回溯在中国共产党的领导下，中国在政治、经济上的发展和腾飞，指出每个重要时刻凝结在一起的逆行者背影。接着结合当下生活，重点展开对新冠肺炎疫情中逆行者背影的思考，先行的党员干部、医护工作者、志愿者……每一个平凡的普通人在困难、灾难面前是多么英勇、团结。这逆行的背影正是中国人骨血中留下的君子魂。然后拓展开去，点明这样逆行的背影其实早就渗透于各个领域。由此，畅想并祝愿更加繁荣昌盛的祖国。全文以小见大，始终抓住逆行者的背影来谈自己的思考，质朴、真实，引人共鸣。

　　　　　　　　　　　　　　　　　　指导教师：查晨婷

铁血中国心，共筑中国梦

　　锦绣河山收拾好，万民尽做主人翁。七十载波澜壮阔，七十年风雨同舟，一切的沧海桑田都在指缝间蜕变生花，雄哉，壮哉！

　　"炉火照天地，红星乱紫烟，赧郎明月夜，歌曲动寒川。"一首《秋浦歌》赞尽了中国人骨子里的勤朴，颂尽了人民血液里的豪放，我们应当相信，每个中华儿女都是带着使命来到人间的。无论他多么的平凡渺小，多么的微不足道，总有一份担当，需要他去拼搏，去编织中华民族伟大复兴的中国梦，去带来属于中国的奇迹！

　　1949年10月1日，当中华人民共和国第一面五星红旗冉冉升起，中华人民共和国成立，中国人民从此站起来了，此后70多年的日日夜夜，祖国母亲，有多少热血为你抛洒，多少汗水为您流淌。1950年，抗美援朝战火急燃，而我的曾祖父也是志愿军中的一员，他也曾双手持枪，为捍卫祖国荣誉，双脚踏过鸭绿江。儿时曾祖父每每与我说起，便神采奕奕，全然不像鲐背之年的老人。

　　"砰，嘣，你都不知道那子弹从耳朵边上划过，那嗖嗖的声音都让人直打哆嗦，而且那时候的枪都不像现在那么先进，用的是步枪，什么三八式啊，九七式啊！都是这些……"曾祖父边说，边给我比画这些枪的形状，和用时的姿势，而我则端正地坐在凉席上，以崇拜的眼光看着曾祖父。夏夜里，没有别人，只有我们祖孙两个和天上的星月。就这样过了很久，夜愈深了，我躺到了曾祖父的怀里，他抱着我，但他从没有真正抱起过我，或许是年纪大了，也或许是由于手被枪打伤过，他拿不起重物。那天夜里，我摸到了他的手，是岁月的褶皱，也是枪伤和刀伤的痕迹，不由得一阵心酸，明白了这个世界从不会有什么真正的和平，只是有人替我们负重前行，用他们的铮铮铁骨，为我们筑起血肉长城，用中国心去筑中国梦。

　　"我们中国始终都要站起来的，娃娃呀，要爱国哦！"曾祖父常用亲昵的声音对我说起这句话，这也是他常对我说的一句话，直到95岁得了老年痴呆症的他，忘记了一切，也从未忘记"爱国"二字，仿佛融进了血液，割舍不开了。2015年，是中国人民抗日战争胜利70周年，中共中央、国务院、中央军委颁发了纪念章，曾祖父那时已瘫痪在床，起不来了，他摸了一下纪念章中心的延安宝塔山，流下了热泪，硬是坐起来，敬了军礼，他泛红的眼眶，让我明白了战争岁月的艰辛或许正如这枚纪念章的寓意一样，实现中国梦与世界和平发展，也是老一辈的毕生心愿！

40年前的基建工程兵，让世界感受"深圳速度"；56年前的罗布泊原子弹到54年前的氢弹，让全球睁眼看中国；还有8年前那只见过世面的"兔子"，世界第一张月球背面影像图是别人无法超越的辉煌，可这些成功的背后呢，又是什么？是欧阳自远10年的奔波与付出，是孙家栋夜以继日的努力与不懈，是钱三强一生为科学事业发展的呕心沥血，更是工程兵徒手扒平、人力搅拌的艰辛，他们的劳动与努力创造了中国的未来与明天！

"大学之道，在明明德，在亲民，在止于至善。"习近平总书记提出的社会主义核心价值观，实则是将国家、社会与公民的价值融为一体，每个人都是时代的奋斗者，国之繁荣，取决于家之兴旺；家之兴旺，取决于人之奋斗；人之奋斗，依托于梦想的引领，努力奔跑，做理想追梦者。我们也许不叫南仁东，无法双脚踏遍喀斯特地形洼地；也许不姓欧阳，不叫欧阳自远，无法书写"月背之旅"，但我们拥有一个共同的名字——中国人，我们拥有一个共同的梦想——中国梦，我们拥有一颗共同的心——中国心，一步一个脚印去创造属于千禧一代的中国梦！

共筑中国梦，世界在骄傲，齐心协力同步调，试看天下谁能敌？创锦绣中国，圆复兴之梦，筑中国之心。俱往矣，数风流人物，还看今朝。

华东师范大学第三附属中学　沈　萍

每个中国好儿女的身体都应该流淌着爱党爱国的血液，因为我们今天的幸福生活实在是来之不易。作者正是

用饱满的爱国热情,深情讲述了对国家的热爱、对未来发展的信心和年轻一代的使命担当。作者年近期颐的曾祖父讲述战争的峥嵘岁月以及对作者的谆谆教诲,让我们感到了爱国精神的传承。新中国成立后祖国日新月异的高速发展,让我们对国家未来充满信心,也让每一个中华儿女的中国梦更加真切。

指导教师:倪华

中国力量

2020 年注定是不同寻常的,新春过后的第一场雨落下,仿佛寒气都比往年要重些。

雨凉,人心也会凉吗?

大年初一的傍晚,母亲被医院的一通电话叫回了岗。彼时盛着鱼头的大半碗饭被暂搁在桌上,母亲却已将黑色行李箱拉出了房间。大门打开,楼道里的声控灯亮了起来,我垂眼站在她身旁,一声不吭。她侧身抱住我,轻声道:"有什么舍不得的,妈妈救人去呢!"一句话落在耳畔,我抬眼看她,那眼神里沉沉的重量闷闷地压在心口。

肩上一轻,人已转身走了出去,逼仄的楼道里,我看见她高高扎起的马尾辫和往常一样挺直的脊背,明明声控灯昏暗不明,她的身影却像在发光。

我们都是疏于准备的寒号鸟,在突至的凛冬里狼狈地瑟瑟发抖。可几夜之间,千家万户飞出了一群着白衣的仙子,一人一点星星之火,烧出了一片燎原之势。上海、北京、重庆、广东、深圳……"请战书"里,一个个力透纸背的名字是他们平凡却铿锵的勋章。他们织出的银河,挂在没有星星的夜里,静静流淌,照亮了窗边不眠的人。

决心、信念、义无反顾,这些被人们念烂了的词里,早已隐喻了最终的胜负。

雨凉,但人心不凉。

是夜,我放下笔,甩了甩酸痛的手腕,打开微信和她视频聊天,第一次无人接听。我习以为常地将手机放在一旁,第二张卷子写到一半的时候,我才终于看见她。那是我第一次看见防护服,白色的,鼓鼓的,把娇小的她包在里面,像是裹了一床被子。她的口罩依然没摘,走进休息室告诉我她还没忙完。我把最新的考试分数拍给她看,暗示要夸奖。她一下就笑了,仿佛隔着屏幕都感觉到她的开心从口罩边缘溢了出来。她像是在屏幕上抹了一把,和家中一样,只是隔着网线,拍拍我的脸颊。

我眼中一热,把镜头移开一点,看见她额上还未擦的汗。我轻声提醒她要好好吃饭,不要太晚睡⋯⋯

其实我也不清楚她的具体作息应该是怎样的,但就是一股脑儿地说了出来,我想起初一时军训前,她也是这样叮嘱一遍。我在有样学样。

彼时恨不能两肋生翼飞出门去,如今也尝到了牵肠挂肚的滋味。

通话没有持续太久就挂断了,屏幕上的最后一幕还是她戴着口罩的脸。明明被遮住,我还是看见了那淡蓝色布料下勾起的唇角。

真美。我放下手机时想道,她是我们家的仙子啊。

是的,仙子,有太多太多的仙子。

"即便是在除夕夜,我们也能够在几个小时内组建成功。"从 1 月 24 日接到援助通知,到 150 人集结完毕,陆军军医大学仅用了 6 个小时。不到 24 小时,火神山医院 60 名设计人员将优化方案完整交付施工方,短短 10 天,火神山医院拔地而起。中国的抗疫斗争,彰显了中国力量,中国精神,中国效率。我再次想起了昏暗楼道里母亲的背影,它在我眼中发着光,在这漫漫长夜中也一样发着光,千千万万个发光的"仙子"举起一把熊熊的火炬,燃出了大国的冷静、快速、有效、团结,最终完美收官。

华东师范大学第三附属中学　张一帆

本文最大的亮点是从女儿的视角,写母亲正月初一临危受命出征武汉抗疫一线的亲身经历,以小见大,反映"中国的抗疫斗争,彰显了中国力量,中国精神,中国效率"。见微知著,唯有细节最动人。妈妈正月初一出征的细节感

人,与抗疫前线的妈妈视频的细节更动人,小作者用细腻的笔触,把前线妈妈的劳累与后方女儿的牵挂叠加,女儿的成长、成熟更映衬了作为战士的母亲的伟岸。另外,值得一提的是文章环境描写虽然不多,但很好地结构文章并烘托了主旨。

指导教师:王列兵

红　光

最初想着要点燃蜡烛的人可能也没预料到自己手中的小小红光会被无数黑夜中的旅客誓死追寻。

伊始的焰火，是"虽九死其犹未悔"的坚定信念。

凝聚的烛光，是"上下同欲者胜"的守望相助。

是无数毁家纾难、舍生取义的老一辈革命家点燃了第一支蜡烛啊！他们诠释了什么是信仰的伟大，什么是中国共产党人的英雄本色，是他们奠定了从站起来，富起来，再到强起来的美好生活，才让我们能在 21 世纪看到万千爱国烈士所期许的那个繁荣盛世。时光荏苒，白驹过隙，这红光透了多少时光啊，如今愈发明亮。

日月同舟、风雨共济的 90 多年中所包含的一行行一段段都是中华民族艰难上下求索的真实写照。外寇泛滥，我们众擎易举万众一心；内患难医，我们刮骨疗伤凤凰涅槃；休戚相关，我们兵行远道旗开得胜；日出东方，我们行远自迩踔厉奋发；改革开放，我们兼容并蓄走向世界。

曾经历过建党时的筚路蓝缕，面对大好河山，我们也有过"数风流人物还看今朝"的豪情壮志。生死存亡之秋，虽面对地网天罗，中华儿女仍能跟随着心中的光坚定不移地走在社会主义大道上。"钟山风雨起苍黄，百万雄师过大江。虎踞龙盘今胜昔，天翻地覆慨而慷。"中华人民共和国与中华民族的每一次成长都伴随着摧心剖肝般的痛楚，回首这段风云激荡的岁月，历史长河中回响着的是勇敢的弄潮儿——中国共产党——引领中国人民谱写的雄壮之歌。

中国共产党成立的第一个十年，"九一八"事变拉开了动荡时代昏暗的序幕，惨绝人寰的屠杀让一批又一批热血的中华人民站了出来。

1931 年 9 月 18 日，驻守在我国东北的日军炸毁南满铁路一段铁轨，以日本士兵失踪为借口进攻我国东北军驻地，肆意掠夺，东北人民自此开始了日本帝国主义铁蹄下的暗无天日的亡国奴生活。

真实的历史有时残酷得让人心碎。如果没有那些鲜活的镜头、详尽的文字,没有那些残破的房、流干的泪,我们简直难以相信近代中国过去所经历的一幕幕惨剧。历史已经成了历史,但决不会消逝,而是永存于每个华夏儿女的心中! 历史留下的永远也不会仅仅只是一堆资料、几块碑刻、数处遗址……我们重新站立的力量恰是这满身的伤痕赋予的!

第三十年,我们众志成城,复兴中华,让五星红旗得以在世界之林飘扬。我们正试着努力实现"各出所学,各尽所知,使国家富强,不受外侮,足以自立于地球之上"。

第四十年,中国实现了从新民主主义到社会主义的过渡,中国在探索中曲折发展。

第六十年,中国正式开创了中国特色社会主义。改革开放迎来新阶段。

春回神州大地,东方一个古老而又现代的国家正昂首迈进新时代。

她有睦邻友好的大国风度,有"同一个世界、同一个梦想"的情怀,有源远流长的五千年文明带来的自信。如今她是世界第二大经济体,最大的发展中国家。

她宽广的胸怀孕育出的人民坚信,"世界上本没有路,走的人多了,也便成了路",于是他们在开拓一条属于自己的路,甚至是一条人类文明史上未曾有过的路。她面对着恶意、面对着质疑,但始终没有放弃前进与探索,她相信自己一定能够证明中国特色社会主义道路的目的地是和谐与幸福。

谁能想到呢? 昔日承着全民族殷切希望的红船,如今已成为载着 14 亿个复兴梦的巨轮。从一叶红舟到破浪巨轮,党以其锲而不舍、驰而不息的韧劲谱写了一篇篇璀璨华章。

然而这 2020 年的夜却要来得比以前都早一些,也长一些。新冠肺炎、全国洪灾……一个个巨大的难题摆在共产党人面前。他们必须在关键时刻经受考验、展现担当,带领华夏人民披荆斩棘、力挽狂澜。

这世界上本没有什么岁月静好,一切都只不过是有人在为你负重前行。基辛格在《论中国》中提到,中国人总是被他们之中最勇敢的人保护得很好。

在这场战争中,没有谁是一座孤岛,团结凭空构筑起了一座牢固的桥。在无情的疫情面前,白衣战士们勇敢地冲在一线,与病毒殊死搏斗;快递小哥、清洁工人等普普通通的"打工人"为了维持人民的正常生活而努力;司机师傅来回奔波运输救援物资,甚至忘了如何区分日夜……他们其实也只不过是某某的孩子,是某某的父母,是某某的朋友啊!但默默守护着中国的他们,却好像早已从渺小的芸芸众生蜕成了"舍小家,顾大家"的民族英雄。

"为什么要以身犯险呢?"他们被自己的朋友、父母、孩子问了很多遍,可自己也不确定它的答案。"或许是因为我是个党员吧。"他们好似忘了,旁人所没有的头衔给了他们担当的勇气,选择了共产党的其实是他们自己那颗炽热的心。

黑夜中找不着原料,他们便就地取材,奋力地燃烧自己。

一束红光很微弱,可 14 亿束红光呢?那是一支能刺破阴霾的明炬。

第 100 年,愿中国青年,都摆脱冷气,只向上走。

上海市闵行中学　谢心媛

本文气势如虹,展现了辽阔的历史视野:红军长征、抗击日寇、抗美援朝、社会主义建设、改革开放、团结抗疫,历史的画卷徐徐打开。审视这一波澜壮阔的历史,我们不能不为中国共产党的矢志不渝的政治信念、勇敢无畏的历史担当、百折不挠的革命精神而深深感佩;而作者由衷而发并洋溢于文字间的对国家对民族对党的爱又感染着我们,更难能可贵的是,作者对中国共产党的深入认识,比如"'世界上本没有路,走的人多了,也便成了路',于是他们在开拓一条属于自己的路,甚至是一条人类文明史上未曾有过的路。她面对着恶意、面对着质疑,但始终没有放弃

前进与探索,她相信自己一定能够证明中国特色社会主义
道路的目的地是和谐与幸福”。无论是引用前人名句还是
自己的思索和领悟,都能看出作者政治见解的成熟与
睿智。

指导教师:戴宁玲

疫　情

　　"我们之所以赞颂勇气,是因为人类总是在明知风险的时候,仍然选择做我们该做的事。"在这特殊的一年,中国共产党以巨大的政治勇气和果敢的历史担当,带领全国人民抗疫,为全人类与病毒的战斗贡献力量。其间点点滴滴中流露的真情,每每回想便令人热泪盈眶。

　　下午,阳光乖巧安静地伏在冷清的街头,似乎想给孤单的柏油路几分安慰。

　　"爸,这个时期你还去公园锻炼做什么! 尽量别出去了。"家门口,爸爸让出门慢跑回来的爷爷在阳台上洗了手再进屋。

　　"阿英,你买菜怎么买了一个小时多,超市里总归不安全的喽。"家门口,爷爷接过奶奶手上的菜。

　　"儿子啊,下次不能再忘戴口罩了,电梯里、地铁上,人和人一挤,多危险啊!"家门口,奶奶话里满是着急。

　　家人难免多絮叨几句,便又开始拌嘴。我在卧室里看公众号推送的有关疫情的报道,静静地听着外头,觉得有点烦闷。忽然瞥到这样一张图片:两只手隔着一墙冰冷的玻璃,试图贴合在一起,里边是一身白色防护服,外边是一身警服,都拎着电话舍不得放下。

　　但他们必须放下,这么近、那么远的距离,他们必须转身将它扯得更远,而牵出另一种长情。我妄自揣摩:一人心道"吾充吾爱汝之心,助天下人爱其所爱",另一人必言"以天下人为念,当亦乐牺牲吾身与汝身之福利,为天下人谋永福也"。心中触动,我微微看向门外。

　　再读图下报道,在这本该家人团聚的日子,许多亲人不得不分离,只为他人日后健康地相聚,还有妻子"举报"丈夫出门上班不隔离在家的新闻,让人哂泪参半。我回想起家门口絮絮的唠叨、小小的拌嘴,不禁勾起嘴角,磨耳的叮咛原来如此幸福。正是因情真切,故敢相劝不倦,此刻小家防疫,亦为大家助力。

近日湖北疫情防控工作受到批评,河南、上海则因防疫有力受到大众的表扬,现举国之力,已有189支医疗队支援湖北。我深感,全国各省市不也如一家吗？正是因情真切,有人过失,其他人一定直言不讳;一方有难,也定勠力相助。

放眼世界,日本的医疗支援物资上写道"山川异域,风月同天",柬埔寨首相亲自访华慰问,处于水深火热局势中的伊朗第一个公开声援。却也有个别不负责任的冷言冷语,拿言论自由当挡箭牌。这场战"疫"中各国的行动折射出灾难下的人类群像。殊不知真正的自由不是不顾他人感受无所顾忌的中伤,而是在疫情的枷锁下,在难以避免的恐慌中,在纷扰蔽目的谣言中,舍弃一切矛盾与成见,做出清醒的判断,担起人类命运与共的责任。这样人类才真正算得上一个大家族,家族规模越大越难运转,但其实原则也和小家庭相同。因情真切,纵偶有纷争,仍是同根。

疫情下十几亿人牵起手,流淌着血浓于水的深情;共同命运下不同国籍的人们跨越迢迢山水,传递着融化冰雪的深情,诚然疫情来势汹汹,但我们,有自己温热的疫"情"。

"被克服的困难就是胜利的契机。"正是得益于我们国家的制度、党的正确引领,我们的祖国才化危机为转机,在发展的道路上迈进。中国共产党将迎来建党100周年,百年来党带领人民在风中挺进,在浪中坚守,坚持开放的马克思主义,不断汇聚新的思想、新的精神,而属于2020的这份抗疫精神也将在未来的每个100年激励着人们。

必胜的信念,源于14亿人凝聚的力量和民族精神,那是黑夜中永不灭的明灯。

上海市七宝中学　李芸芸

本文作者聚焦了全国疫情防控形势最紧张之下"平凡的一家",但从这平凡一家的最日常时刻,通过最日常的生

活娓娓道出心中所思、所想,可以说是"平凡处见真情"。全文从小家成员相互叮嘱到全国众志成城,再放眼世界同心抗疫,作者的眼界、文章的境界层层扩大,也让我们从作者的笔力间感受到在党的领导下,全社会共克时艰的澎湃力量。

指导教师:岑哲

百年荣光，华诞礼赞

奶奶生于1950年代，中华人民共和国刚成立没多久的时候，算是中华民族站起来、富起来、强起来的见证者、参与者，亲身经历了在中国共产党的领导下新中国的巨变。她是个没什么文化的农民，不识几个字，却能念念不忘地唱出那些红色歌曲，滔滔不绝地述说党的光辉历史，并循循善诱地培养我对党对国的忠贞。也许老一辈都是这样，我的祖辈没能够得到入党的机会，他们对自己的孙辈有幸入团，与有荣焉。入团入党，为祖国作贡献，对他们来说，没有比这更神圣的了。

从小被祖辈带大的我，儿时就受了不少红色思想的熏陶，从小，对党对国，我都有一种朦胧的向往与崇拜，并渴望自己也能成为为人民服务的一员。彼时尚值年幼，可能连"为人民服务"究竟是什么都不懂，但是这句话早已经熟稔于心。有这层原因在，一上初中，我就积极表现，希望能够加入中国共产党的后备军——中国共青团。得知自己被选为班里第一批入团的团员时，荣耀充溢着我的内心。

那时，我对党的认识不再局限于祖辈的口口相传，而是拥有更多机会能够在实践当中去认识她、熟悉她，并油然地敬佩她，发自内心地尊重与赞美她。党对我来说不再是模糊的概念，比如她可以是那些和蔼可亲敬业恪职的党员老师。他们教导我的时候是那么耐心细致，循循善诱，这样的老师，得之我幸，这样的党员，正是党的光辉之一束。

之后再一次深刻认识到党的威严及其强大的凝聚力，是疫情刚刚暴发的时候。新冠肺炎病毒传染性极强，那些小小的冠状体病毒，将恐慌席卷到了每个人心中，一时间，人人自危。我的内心惴惴不安，唯恐自己也将遭遇不幸。但在习近平总书记为首的党中央的带领与组织下，国内的混乱局势很快稳定下来。每个人自觉戴上了口罩，无事不出门，自觉测量体温进行检查，去过高危地区的自觉自我隔离，秩序井然，这都是党审时度势、沉着应对的结果。我被党的凝聚力与领导力所震撼，为中国速度而骄傲自豪。后疫情时代,国家依然没有放弃警惕,精准地预防与管理,控制了疫情的蔓延,相较于国外某些不理智的言论和做法,党的伟大之处在对比中进一步凸显出来。

而此时,除了对党的崇拜外,我开始思考自身。套用一句话:"青年是祖国的花朵。"作为这朵花,我能够替国家承担些什么呢?争取入团的时候我可能仅是凭着一腔热血和对党对团的尚不清晰的崇拜之情,未曾考虑这么多。当时,仍对团员责任感到些许茫然。

升上高中,我成了班级的团支书,责任感增加了。在报名担任义教与图书馆志愿者的时候,在监督班级同学完成青年大学习的时候,在组织发展新团员的时候……许许多多点点滴滴的时刻,我竭尽心力执行支部的任务与完成团委布置的要求,在那些日子里,我才逐渐明白一位团员的责任,明白当代青年的责任。当然,我绝非想将我作为团员的责任仅概述为作为团支书的职责,那太过于狭隘片面了。团员的责任是用热情虔诚的姿态跟从党的步伐,是用积极进取的心态解决生活中的每一件小事,是用一丝不苟的态度对待上级布置下来的任务。

中国梦是老生常谈的话题,在此我却不得不再提。为了实现中华民族伟大复兴的中国梦,我们最该做的,就是做自己。不去思考那些华而不实的事,将自己的梦想与国家梦相融合,成就自己的同时,也为国家多作贡献。但对于当代青年学生,更该做的就是"为中华之崛起而读书",在努力的过程探索自我,了解自己的理想与兴趣所在,并在思考它是否对国家有益后加以实施。这是青年梦,而无数青年梦的支流,终将汇入中国梦这片汪洋大海。而我,这片汪洋大海中不起眼的一个岔支,不过也只是竭尽全力而又从心所欲过好每一天罢了。

2021年是我党成立100周年,我为此倍感喜悦、骄傲与感激,愿我党永存,也愿我泱泱中华长久不衰!

上海市大同中学　费舒雯

费舒雯同学的文章将一些抽象的、宏大的情感灌注在生活的点滴之中娓娓道来，读起来平白而又深切，动人而又喜人。与此同时，在她的文字里，我们察觉到正是师长的言传身教让费舒雯对党和国家的敬畏和热爱凝聚为一颗正能量的种子，在这颗年轻的心里生根发芽，未来可期。自豪而不自矜，自励而不自负，整篇文章展现了当代高中生的精神风貌和亮丽风采。

指导教师：高亢

江暮思

我常在晚饭后到黄浦江畔去。

因为夏日的滨江在傍晚7点时呈现出的姿态，对于盛夏的一天而言，是极其特殊的。

初至的夜色里溶解了白昼猛烈烧灼的太阳的余烬，明亮的日光中燃烧过一个白日的路面，此刻沉默地伏于昏暗之中。路灯洒下的光勾勒出树的轮廓，栏杆角落的蛛网在江风中拂动。立在栏杆旁的红旗在沉寂的微光中飘着，显得模糊。鸥鸟化作的黑点在晚霞上缓慢地游弋。泛着深紫的天空显出令人惊异的宽广、高大与开阔。人声混乱嘈杂，然而于湿润而暗沉的燥热之中，这些嘈杂似乎作为构成整个浩大而肃穆的氛围的一部分，与树影、热风与月光一道闪烁、嗡鸣，在天与地之间融解。

如果要对傍晚黄浦江畔的气氛作一个总结，飞扬、躁动、热烈等传统的夏季印象是不恰当的。在半温的空气之中浮动着的，是一种全然不同的、几乎是严肃的东西。在白昼之绚烂与傍晚之沉静的对比之下，人的心灵中激发出一种近乎忧伤的感情。在这种情感的主导之下，思想不由自主地滑向幽深，并且注目于时间与空间之广大无垠。

此中，我产生这样一种几无根据，然而根深蒂固的印象：这种情景是如此和谐而富有深厚情感，以至倘若它不是亘古长存的，那么在情感上简直无法理解和接受。

黄浦江所流淌过的这样的傍晚，和它本身存在的岁月一样难以计数。数千年前，此处尚且未建起栏杆与堤坝，或许两岸布满了草木与黄泥，原始的星空惊人得清晰；而构成我们今日所居住的楼房的原料，正以截然不同的形式在大地之下沉眠。但那时，我们的文明就已存在。我们的血脉来自另一条绵延的大河，在千万年间流布至东亚大地的庞大版图,在不知何时亦到达了这一条江边。这一条江同样穿过今天的上海。江的目光从浪花的中央,以亘古未变的姿态,注视着这个苦难中诞生的红色政党,步伐日趋稳健,而今正行往她的 100 年。

我想,将中华文明从数千年前贯穿至今的恒久稳定的主轴,是我们的民族认同感,或说是国家认同感。那么,我们所认同的东西、我们所爱的东西、我们的文明,我们的国家,其本质究竟是什么? 最初,文明毫无疑问诞生于氏族的独立发展、合并、区域性统一。在数千年的光阴漫步之中,环境与人的综合,以历史规律的必然性加上一定范围内的偶然性,创造了我们的文明所共同具有的行为习惯和精神道德。血脉与文化沿袭至今,便成了我们的中国。而就政治而言,马克思列宁主义与中国的实际情形相碰撞,一个政党于此中孕育而生:中国共产党,我们国家今日的执政党——一个历经磨难,不断自我修正,贯彻为人民服务的信念的党——如今将迎来其百年诞辰。

这些可说是具有一定科学性和权威性的阐释。然而倘使这些干巴巴的名词便能阐明我们的国家,亦即我们的热爱寄托之地的本质,倘若用这些与情感不相关的说法,便能解析一切对我们脚下的土地之细腻柔软的情感,这难道不使人隐约地感到惶惑?

我们所热爱的、我们所眷恋的,实质上是全体中国人共同具有的情感,亦即从 5000 年前一直到现在,一切曾活过的、正活着的,为了我们所共同认定的“中国”这一母体而牺牲过自我利益的心灵们。抽象概念中的中国,并非我们所切实爱着的对象。我们爱着的,是在这一抽象概念中真实地呼吸着的有血有肉的同胞,与其精神活动的产物。这样一个伟大的母体提供了我们彼此深爱的桥梁。正因我们作为中国的一部分,得到了遥远时空的他人的爱,才会因感到被爱而热泪盈眶,并且确信付出爱之后,也将唤起这个主体之中他人的情感回馈。

我们的爱倾注的对象,是那个在当今地球上少有的,以将人民的利益置于首位为最高原则的集体,更是那个使全国乃至全世界的人民携起手来,在平等的务实中追求幸福的理想。

所以,我爱中国,并非纯粹由于这 960 万平方公里的大地本身十分特殊,而是因为在这片大地上存在着,为了这960万平方公里大地,以及大地上生活着的我们,献出过汗水与生命的同胞。我爱黄浦江,并非这江水本身与其他任何一地的江水有什么差异,而是因为围绕着这江水,有无数双眼有感于此处的文明而洒下热泪,有无数双手为了使这江两岸的人民幸福而努力劳作。我绝无法辜负这些。

爱国的意义也在于此。我们个人的生命之于整个的文明,如浩荡大江之上浮游的碎叶。但对国家、对文明之爱足以使我们跨越渺渺江面,将难以计数的微小生命勾连成一个庞大的生命。纵使渺小,然而我们对文明的归属感和奉献愿望,究竟使这小小的人类文明得以在无穷广大的时间与空间之中得其所归,以其短暂和有限绽放出逼近无限的光华,显出其悲壮而可敬的伟大。个体的生命从而连同整个人类永驻于青春之中。

然而,空有一腔激情灌注胸中,也不足以成就我们今日的中国。我们需要的是一股力量:它化杂乱无序的广阔碎片为高度有序的整合体,以其先见的智慧,为这一汪静蓄的池水寻求到倾泻之口,让每一个微小的青春得以凭借更强大的聚合之力真正地结合起来,沿着正确的方向将热情转化为实践,能不仅仅一窥那构筑于遥远理想中的雄伟蓝图,更具备将其铺设为真正的奇迹建筑的潜在能力。

这股力量是共产党。

于是百年后的今日,嫦娥五号九天揽月,举国人民欢呼于一捧遥远的土壤;于是蛟龙号潜入无光的海底,艇体印上的红旗在深海的黑暗中微微发亮;于是"九章"光子乍现,中国站上量子科技制高点。在100年前,没有人能想象到今天的中国能以其高铁之四通八达位居世界之最;没有人能想到,共产党领导下的我们将迎来这样灿烂的今朝。

我坐在黄浦江边的长椅上,看着夜色深下来。

虫照旧在草丛里鸣叫,鸣声嘶哑,鸥鸟已不见了。人声逐渐稀疏。在永恒吹拂的江风之中,高高竖立的旗杆反射出江面若有若无的波光。红旗的色彩消融于深深夜色之内。但我想,也不用非得看个清晰。因为不必用眼去看,也知道我们那旗是什么模样。

那是我的归属,也是无数心灵的归属。

我不知道黄浦江从何时开始流淌,也不知道它将在何时终止它的奔走。但只要我灵魂的一息尚未枯干,我就依旧属于那条江。

上海市控江中学　宁芷萱

宁芷萱的文章构思较精巧,情感较深挚。由实而虚,既有感性认识,又有理性阐述。作者由江畔漫步所见,有感而发,思接千载:由眼前的滨江景致联想到千年前的黄浦江景,再联想到中国共产党的诞生、发展及建党百年后富强的中国现状,如嫦娥五号九天揽月,蛟龙号潜万米海底,"九章"光子乍现等,彰显了我们党执政的伟大! 文章融描写、叙述、抒情等于一体,字里行间洋溢着对国家和党的热爱,在"我"的所见所思中,饱含深情,富有感染力。

指导教师:程刚

孤　星

　　很早就从老房子里搬出来了，那个下雨天会有发霉味道的木梯屋子，除了一个表面斑驳的红木柜子，留下的只有几本祖父的书了。

　　书角不知被抚摸过多少次，卷曲着。那泛黄的内页夹杂着几张脆生生的信纸，似乎被水泡过，又慢慢风干，钢笔字浸得微微模糊，墨蓝色的字如烟花般晕染开来。翻开书页，年少时看不懂的生涩文字，如今成了历史的古朴气息，朝我迎面扑来。见字如面，一段百年前的尘封往事，在我眼前一一展开……

　　1920 年的 1 月，冬天似乎迟迟不愿离去，春天的生气也始终不愿到来，那是祖辈记忆里春节最晚的一年，还下了夹杂着冰的雨。第一次世界大战的硝烟在雨水里归于一缕不甘的白烟，荒颓的气息在大地上肆意席卷。

　　希特勒在组织纳粹党，国际联盟的成立维护了虚假的和平，一切仿佛掩盖在重重迷雾里看不见光明。五四运动刚过去一年，直皖战争爆发……中国还在等，等那颗给予人希望的启明星。

　　它没有让中华儿女等太久。同年 11 月，陈独秀同志主持起草了《中国共产党宣言》。1921 年，中共一大在上海召开，中国共产党成立了，在风雨里的中国等来了她的希望。

　　读到这里，鼻尖有些泛酸，墨水浸得更模糊了。早已搬入新家的我，耳边是车水马龙的喧闹，然而，当我的指尖触摸着湿润的纸面，我仿佛"看见"了灰黑色的天空，熊熊的烈火燃烧殆尽，硝烟的味道在鼻尖弥漫……那时没有无人机，没有歼-20，留下的只有老式飞机震耳的轰鸣声。

　　生活在国泰民安的年代，战火离我很远，但事实上，和平不过几十年罢了。就在我写下这段文字时，新疆喀什出现 137 例新冠肺炎无症状感染者，青岛的风波没有结束，台湾的隐患还在继续……新时代也需要我们新青年——热爱党的新青年。

眼前雾蒙蒙的,指尖有些凉,但心中燃烧着坚定的火。在党的培养下,一批又一批有理想的少年逐渐成长为有担当、有作为的青年。新冠肺炎疫情来势汹汹,总有人在前方为我们遮风挡雨,是党,还有他身后带领着的人。

正如毛主席曾说:"领导我们事业的核心力量是中国共产党。指导我们思想的理论基础是马克思列宁主义。"正确的思想,正确的引领,新青年们应该站出来了!第二个 100 年,我们是中坚力量,国家的未来肩负在我们身上,新青年们需要做的,还有很多。

抚摸着书的页角,指尖微微用力,把那褶皱抚平了。

六千余年的人类文明群星闪耀,曾经璀璨的四大文明古国只剩下华夏文明这颗闪耀的孤星,更加熠熠生辉。纵有疾风惹得它忽明忽暗,但其光芒始终坚定,给人们以希望。

这倒是让我想起余光中先生的一段话了:

"在逆风中把握方向,做暴风雨中的海燕,做不改颜色的孤星。"

愿祖国母亲繁荣昌盛,愿新青年们积极进取,向第二个百年奋斗目标迈进。

上海市洋泾中学　李逸清

李逸清的《孤星》,以"我"翻阅祖父的旧书为线索,夹叙夹议。在对旧书的触摸中,"我"感受着历史沧桑;在阅读中,"我"了解了百年前的一段历史。在过去与现在的时空交叠中,对历史的思考,触发了"我"对现在、未来的思考:作为新时代的新青年,我们将承担怎样的时代使命?我想,这是每一个有志青年都应该去思考的。"老年人常思既往,少年人常思将来。惟思既往也,故生留恋心;惟思

将来也,故生希望心。"你所站立的这个地方,正是你的中国,你怎么样,中国便怎么样,你是什么,中国便是什么。愿我们常有所思。

指导教师：杨玉琴

铭记党恩　砥砺前行

"没有共产党就没有新中国……"每当这耳熟能详的旋律回响在耳畔,我的心中便荡起阵阵涟漪,虽不若惊涛骇浪,却足以震人心魄。

100年前,一个伟大的政党——中国共产党诞生了!

从井冈山上红旗飘飘,到遵义会议一路向北;从秋收起义初步形成农村包围城市的战略思想,到南昌起义打响武装反抗国民党反动派的第一枪;从董存瑞舍身炸碉堡,到邱少云烈火中永生……中国共产党饱经沧桑,历经重重考验。中华民族的光辉灿烂、慷慨激昂的新生活慢慢到来。生活在这来之不易的和平年代,我们务必铭记这100年中华民族所经历的风霜雪雨,所抛下的头颅、洒下的热血!

忆往昔峥嵘岁月稠。一说起伟大的中国共产党,我们便会不由自主地想到中共一大与中共二大。如果说一大宣布了中国共产党的诞生,那么二大便是中国共产党历史的延续。我曾有幸担任中共二大会址的志愿解说员,这一段珍贵的经历我至今记忆犹新。在那里,光辉与沧桑相融。每一束阳光,每一个角落,仿佛都在诉说着中国共产党的沧桑往事。当我站在那承载着厚重历史的纪念馆中,向参观者们介绍"是二大第一次公开发表了《中国共产党宣言》,第一次明文提出'中国共产党万岁!'的口号"时,我不禁热血沸腾!是二大推动了中国共产党的发展,是中国共产党为中华民族带来了光明与希望啊!

捐躯赴国难,视死忽如归。我带领参观者们走向展柜,张张报纸,本本书籍,枚枚徽章,都在提醒着我们中华儿女曾经的付出。100年,中国共产党历经风风雨雨,却从未停下前进的脚步。我曾被夏明翰"砍头不要紧,只要主义真"的从容与坚决所震撼,也为徐特立"救亡曾断指,入党在危时"的崇高信念而动容,更被孔繁森"青山处处埋忠骨,一腔热血洒高原"的豪迈誓言深深折服!这些名字,支撑了中国共产党的发展,在历史进程中掷地有声!

在这百年的发展历程中,中国共产党也遭遇过挫折,但每一次都能从中汲取教训,完善治国理政的方略,成为中华民族当之无愧的最高政治领导力量。放眼当下,这类感人肺腑的英雄事迹仍比比皆是。庚子年初,一场突如其来的新冠肺炎疫情席卷了整个神州大地,令春天失去了它本该生机盎然的模样。"疫情无情,人间有爱,肩上有重担,心中有牵挂。"虽然原本热闹的大街上变得冷冷清清,医院彻夜的灯光代替了商店绚丽的霓虹灯,但曾走过绿茵花溪,也踏过枯骨万里的中国,丝毫没有被这场无硝烟的战争所打倒,取而代之的是中国人民被激起的昂扬斗志。在无尽的担忧与希望交织之下,我们看到了白衣战士们冲锋一线、不畏牺牲的崇高,基层工作人员日夜坚守并尽己所能的担当,以及百姓们配合防疫且毫无怨言的温情。这种临危不惧、坚忍不屈、守望相助与顾全大局的美德,正是中国人民在这场抗疫战中体现出的中国精神!"天时不如地利,地利不如人和"这句流传千古的谚语在这场抗疫战中被演绎得淋漓尽致。展现出这种伟大斗争精神的华夏子孙,必将成为未来中华民族逆流而上的中流砥柱!

我的父亲是一名医生,也是一名共产党员。疫情期间,他冒着被感染的风险,每日戴着闷热的防疫面罩,驻守在高风险地区,加班加点地为居民们测量体温,甚至一连工作多日都没有时间回家。他教育我,共产党员一定要有舍小家为大家的奉献精神,这种以身作则的教导一直鞭策着我的成长!古人云:"学如弓弩,才如箭镞。"我作为一名光荣的共青团员,应把学习作为一种责任、一种精神追求、一种生活方式,志存高远,脚踏实地,放飞自己的青春梦想!

"恰同学少年,风华正茂;书生意气,挥斥方遒。"毛泽东主席曾在《沁园春·长沙》中对青年一代有着这样的期盼。居里夫人曾说过:"我们应该有恒心,尤其要有自信心。"自信是通往成功之路的一块必不可少的基石。面对未来未知的挑战,我作为青年的一分子,想要为国、为党贡献出自己的一份力,首先应坚持"四个自信"——中国特色社会主义道路自信、理论自信、制度自信、文化自信。

"一个民族、一个国家,必须知道自己是谁,是从哪里来的,要到哪里去,想明白了、想对了,就要坚定不移地朝着目标前进。"坚定走好中国特色社会主义道路,是我们应有的道路自信;来源于实践、人民、真理,这是实质为思想自信、话语权自信的理论自信;我们要坚信,中国特色社会主义制度是当代中国发展进步的根本制度保障,是具有鲜明中国特色、明显制度优势、强大自我完善能力的先进制度,这是我们需坚守的制度自信;坚定对中华优秀文化传统的历史自豪感,这是所有华夏子孙应坚定的文化自信。而在此同时,作为中国青年的一员,我们也应牢记自信不等于自负,更不等于自大。平日里,我们应从多关注时事做起,全面地看待、分析问题,坚定初心并为大局着想,纵览世事变迁,从而领悟到兴旺成败的规律,更好地为国家、为党尽己之力,努力做一名听党话、跟党走的新时代新青年!

梦在前方,路在脚下。自胜者强,自强者胜。梁衡先生曾在《读韩愈》中写道:"悲壮二字,无壮便无以言悲。"倘若每一位中国人都将历史开下的血花铭刻在心,想必中华民族源远流长的民族精神和时代精神将永垂不朽!

100年,是中国共产党历史性的转折点,更是为实现中华民族伟大复兴的中国梦的一个新开端。让我们铭记党史,心怀百年奋斗目标,彰显青春蓬勃力量,想必终有一日能够到中流击水,浪遏飞舟!

上海外国语大学附属大境中学　姜昌熙

姜昌熙同学曾担任中共二大会址的志愿解说员,这段珍贵的经历使得她对中国共产党的历史及党的伟大有着深刻的认识。疫情期间,她的父亲作为一名医生,也是一位共产党员,始终奋战在抗疫第一线,这样的家庭环境也更坚定了她对共产党的信仰、对加入中国共产党的信念。作为一名高中生,姜昌熙时刻关注社会的变革和发展,她时时思考,如何将自己的未来与国家的未来、中国共产党的未来联系在一起,如何投身到党的事业中去。"铭记党恩,砥砺前行",如她在标题中所言,她会始终秉持信念,坚定不移地前进。

指导教师:董维佳

常怀岁月忧,砥砺前行路

　　漫山层林尽染滟滟秋波,无垠碧空灿日灼灼秋韵。犹记得 2019 年丹桂飘香的秋日,新岁如蓬勃朝阳,照亮天地玄黄,迎来了祖国母亲的七十华诞。而 2020 年过后,将迎来共产党百年诞辰。

　　百年峥嵘岁月,百年与光同尘,百年沧桑巨变。先前,山河破碎是我们,民不聊生是我们,软弱无能是我们,人间地狱是我们,"东亚病夫"也是我们。如今,山河无恙是我们,万家长安是我们,勇武有力是我们,河清海晏是我们,"亚洲奇迹"更是我们。长城的烽火狼烟已经散去,传来的只有白鸽的欢快振翅声,中华民族步履不停,在党的领导下,我们创造出了一个又一个的中国奇迹。

　　而在全球都被新冠病毒席卷的 2020 年,我们仍最早在阴霾中劈出一道光亮。此刻安然迎接岁末的我们,又怎会忘记那些英雄人物呢?"金沙水拍云崖暖,大渡桥横铁索寒",一代又一代的人用自己的一生交出为人民、为国家的优秀答卷。他们中,有毛泽东、周恩来为民族独立而鞠躬尽瘁,有邱少云、黄继光为保卫和平而壮烈牺牲,有袁隆平、邓稼先为国家强大而耗费心血——在新冠肺炎疫情这场战役中,我们有李兰娟、钟南山为人民健康而奔赴前线。

　　84 岁的钟南山院士敢说实话、以身作则,"科学只能实事求是"是他的坚定的观点,他的真话是为了患者,为了国家,是医者仁心的大无畏。耄耋之年的他呼吁民众不要出门,同时自己奋战在抗疫前线,他领着团队夜以继日地研究,全心全力地付出。李文亮医生是最早的"吹哨人"之一,他在感染新冠病毒期间,还心系前线,"疫情还在扩散,不想当逃兵,恢复以后还是要上一线"。张浩军曾连续 16 天奋战于一线,彭银怀放弃了自己的婚礼而奔赴武汉……张文宏医生的"党员先上",给无数国人打了一针温暖的强心剂。疫情紧急,年轻的护士手被汗水浸皱,病房的医生脸被口罩勒出痕迹,有人为了少消耗一套防护服,宁愿几乎一天不喝水,有人剪去了心爱的长发,有人舍弃了自己的生命……"国有战,召必回,战必胜",在这场没有硝烟的战场上,千万白衣战士为你我冲锋在前。

除了这些优秀的医护人员,基层劳动者也值得我们关注。体现"中国速度"的火神山医院在荆楚大地上拔地而起,这座仅用 10 天建成的科学又完善的医院发挥了巨大作用,其背后亦离不开无数技术人员、建筑工人、解放军战士的辛勤付出。在社区街道里,出租车司机变成了"摆渡人",快递小哥忙于运送各种物资,志愿者们挑起了社区抗疫的重担,更有无数的民众捐赠自己的医疗物资和生活用品……是我们众志成城铸就了这座英雄的城市、这个英雄的国家,并取得了阶段性胜利。

习近平总书记说:"一个有希望的民族不能没有英雄,一个有前途的国家不能没有先锋。"而英雄只不过是普通人有了一颗伟大的心,而这颗伟大的心正是那未曾改变的党的初心。

"星星之火,可以燎原",再黑暗的夜晚,也会有璀璨的星河,越是在这样危急的时刻,越能映射出人性的光辉,而这光辉的缔造者,正是那些英雄们。"夫风生于地,起于青蘋之末",是他们滴水穿石、绳锯木断,将自己奉献于人民、奉献于国家,面对突如其来的疫情,无怨无悔地冲锋在前,他们是这个时代最明亮的灯塔,是他们纯良的赤子之心和对祖国的拳拳之情,照亮我们的前行之路。

站在 2020 年中国的大地上,脸庞拂过了历史与未来交融的民族季风,我们不仅是青年,更是"新时代"的新青年,这已不是百年前"维新"之"新",也不是"新文化"之"新",风华正茂的我们,正担当着属于新青年的使命,用昂扬的姿态去践行自己的人生。

光阴荏苒,又是一年冬,回望历史,心中总有绵长的温暖与力量,那些逆行者的身影浓墨重彩地浮现在我的心中,又荡起了无限涟漪。愿我们青年面对新中国的风起云涌,更怀青云之志如鹰击长空,克服困难,砥砺奋进。

中华泱泱万古长空,峥嵘岁月历历在目,欣欣芳华尚且可期。我们在党的光辉照耀下,同祖国,共成长!

同济大学第一附属中学　朱元媛

    本文将自己置于新中国成立 70 周年与建党 100 周年中的特殊历史时刻，在对党在苦难里缔造辉煌的回顾中，自然衔接时事，转入现实中疫情下的英雄人物，两相参照中抒发自己对党及人民伟大奋斗的所思所感。

    作者选取了在抗击疫情中极具代表性的英雄人物以及同样做出伟大贡献的基层工作者，道出党的先锋作用及其领导下的众志成城。同时作者并不停留于对英雄人物的歌颂，更是意识到让其与众不同的信念——不忘初心。

    故文末抒情并未流于空洞，在格局中见信念，在笃实中见真情。

    作者文字扎实，信念充沛，读来掷地有声。

指导教师：陈洪典

从"吃饭照镜子"到"光盘行动"

    1921年的7月，一群充满理想，怀抱着中华民族伟大复兴期盼的年轻人在浙江嘉兴南湖的一条木船上宣布正式成立中国共产党。这100年，他们以"我以我血荐轩辕"的牺牲精神推翻了半封建半殖民地的旧社会，建立了一个真正由人民当家作主的新中国。为了让人民过上和平富足的生活，不再受到帝国主义、封建主义和官僚资本主义的欺压，共产党走了一条前无古人的道路。这100年，有错误的纠偏，有曲折的磨砺，也有成功的欢愉。他们从实际出发，摸着石头过河终于走出了一条有中国特色的社会主义道路，它结合了马克思主义与中国社会的特点，带领中国人民走上了国富民强的康庄大道。

    在学校中，我参加了共产主义学校，又担任了中共淞浦特委纪念馆的义务讲解员，而我又重点负责陈云同志生平的介绍。我对这位不爱张扬的国家领导人从陌生到略知一二，更感知到一位真正共产党员的风骨，他严格自律的作风，求真求实的品格，对崇高理想的追求，无一不震撼着我这个00后的学子。

    最近党中央提倡"光盘行动"，习近平总书记也作出了重要指示，加强立法、强化监督，采取有效措施，建立长效机制，坚决制止餐饮浪费行为，并指出餐饮浪费现象，触目惊心、令人痛心！近年来我们的生活从物质贫乏逐步走向了富足，也不知不觉养成了铺张浪费的习气，做事吃饭要讲排场，要面子。这里我又想到了在纪念馆中了解到的陈云同志说的："人吃饭是为了活着，但活着不仅仅是为了吃饭。"在生活物资稀缺的延安时期，陈云同志就提出了"吃饭要照镜子"，就是吃饭时不仅要把饭菜吃完，还要端起盘子，用馒头擦干净盘底的汤渍，从而能把干净明亮的盘子当镜子照。新中国成立后，作为国家副总理的陈云同志并没有丝毫松懈对自己的严格要求，大方面从做人做事的"不唯上，不唯书，只唯实"再到"交换，比较，反复"哲学思考方法论，人生的起伏对于他来说，无谓荣辱得失，只是做好每一件党交给的任务,无论是水利工程,农业调研,钢铁工业的重大决策,党政组织作风的建设,无一不尽心尽职,颇多建树。习近平总书记在 2015 年作出了"陈云同志为确立社会主义基本经济制度、建立独立的比较完整的工业体系和国民经济体系做了大量卓有成效的工作,为探索我国社会主义建设道路作出了杰出贡献"的极高评价。让我这改革开放后出生的学子更感惊讶的是陈云点点滴滴的小事:个人每餐用秤来保证定量,避免浪费;一件穿了 34 年直至去世都还在的衬衣,"平生衣取蔽寒,食取充腹"。我不由想到在自己身边,常有不少被倒掉的饭菜、被丢弃的完好的学习用品,还存在追求一些昂贵却华而不实的进口文具和衣物的风气,可是我对这些现象熟视无睹,不由得脸红。我们从小就学习的"锄禾日当午,汗滴禾下土""一粥一饭,当思来之不易"不应该只是背诵的诗句而已,对粮食与物品的珍惜也是体现一个人是否对社会文明的尊重!

从"吃饭照镜子"到"光盘行动"难道只是心痛粮食的浪费吗?在物质富足的年代我们还有必要强调勤俭节约吗?显然,我们不应该窄化了制止浪费的深刻内涵和意义。从陈云同志谈到"尚俭戒奢"到古训"顾人之常情,由俭入奢易,由奢入俭难"得知,他们思虑的是节俭不仅是个人生活中的美德,更应上升到治国理政的高度去看待:一个国家和民族若失去了勤俭节制,就会沉溺于奢靡享受,自然就会丧失务实、开拓、变革的精神。"侈则多欲,君子多欲则贪慕富贵,枉道速祸;小人多欲则多求妄用,败家丧生;是以居官必贿,居乡必盗。"古人早就知晓"俭以养德"的意义。奢靡之风,可以让人格倒退,意志消弭,精神畸变,政事怠惰。过度的生活享乐就会让我们迷失生活的目标!从老一辈共产党员喊出的"吃饭照镜子"到今天习近平总书记倡议的"光盘行动"无不显现出共产主义者们坚持以民生为本,从点滴小事着眼,细微入手,不忘初心的理念的传承!唾弃奢靡之风,树立"为中华之崛起而读书"的责任感与使命感不正是我们这一代中华儿女应该铭刻心中的吗?

我最爱的座右铭就是无意中听到的一句话:"生活的理想就是为了理想的生活!"理想的生活不应该仅仅只是个人物质的拥有享受,而应该有更高层次的精神追求。现在仅仅是中国共产党成立的 100 周年,我们还处在社会主义初级阶段,我们还只是一个发展中的国家,我们还处于决战脱贫攻坚之年!一代又一代共产党员为国为民的精神只要得到传承,完成一个又一个让人民过得更好的朴素心愿,中华民族就一定会复兴,屹立在世界之巅!

上海市向明中学　徐　润

　　全文一开始回顾了中国共产党的成立,接着讲述了作者担任纪念馆义务讲解员,了解到陈云同志小事上杜绝浪费,大事上做好每一件党交给的任务,最后从陈云同志的"吃饭照镜子"到党中央提倡的"光盘行动"给出了自己的思考。作者认为这不只是心痛粮食的浪费,节俭不仅是个人生活中的美德,应该有更高的精神追求,更应上升到治国理政的高度去看待,以完成中华民族伟大复兴。文章向读者展示了她对于勤俭节制的思考,结构流畅有序,内容丰富完整,立意深刻。

指导教师：王鸯雨

问号　感叹号　冒号

2019 年 12 月,中国武汉市。

这刻骨铭心的时间和地点,标志着人民——确切地说,是这片华夏沃土上的人民——与来势汹汹却又未知的新冠肺炎病毒之间战役的开始。2019 年 12 月底,湖北省武汉市疾控中心监测发现不明原因肺炎病例;12 月 30 日,武汉市卫健委向辖区医疗机构发布《关于做好不明原因肺炎救治工作的紧急通知》;2020 年 1 月 1 日,国家卫健委成立疫情应对处置领导小组,此后每日召开领导小组会议;1 月 7 日,中共中央总书记习近平在主持召开中央政治局常委会会议时,对做好疫情防控工作提出要求,中国疾控中心也成功分离首株新冠病毒毒株……随着昭示 2020 年到来的钟声响起,全国上下一片火红。但是不同于以往热情四溢的窗花鞭炮,对那位看不见的死神的恐惧占了上风。

新冠肺炎疫情给人类送来严正的警告函。在这封警告函上,只有一个大大的问号,这是对人类、对国家的拷问:你们对新冠肺炎疫情的反应是否及时? 你们对未知病毒的警戒是否足够? 你们的医疗资源、社会资源是否充足? 最重要的是,你们相信你们的领导者吗? 你们团结一心吗? 这些问句像一个个铜钟,无声地在每一个中华子孙的心中敲响,是压力,但也是期盼,期盼着这个国家能发出安定人心的自信一鸣。自豪的是,这个国家最终做到了——即使非常艰难,但在党的带领下,中国不仅没有倒下,甚至向世界展现出近乎完美的"中国速度"和极其宝贵的"中国经验"。

"1 月 23 日,中国春节来临前夕,离汉通道关闭。隔离一座九省通衢、人口超千万的城市,在人类历史和城市发展史上前所未有。"如果说在 1 月初百姓们还抱有希望,奢望能在春节时分照常欢聚一堂的话,在武汉封城的消息放出后,这个希望彻底破灭了。取而代之的是 1 月 24 日,多省启动公共卫生事件一级响应。大多数地区的学校紧急发布通知,采用线下教学的方式。在 2020 年初漫长的"假期"中,我每天望着屏幕里那个遍布红色的中国版图,望着窗外本应人头攒动,现在却只有玻璃窗内贴上的窗花和贴纸预示着过年气氛的街道。那时的我畏惧,但是我不迷茫。一波又一波的白衣战士,以及以那位耄耋之年但目光炯炯的钟南山爷爷为代表的专家们,在疫情之下共同"逆行",奋不顾身地以最快的速度冲向在疫情地图上被标红的地区。"坚定信心、同舟共济、科学防治、精准施策,坚决打赢疫情防控阻击战""疫情不完,我们不散""我要用行动告诉我的祖国,我现在有能力来保护她了!"……这一句句口号和告白,构成了中国人民心底里那最坚实的防线。我们中国人,回敬给新冠肺炎疫情一个丰满的感叹号!不只是被迫上网课的学生和老师们,以及各位逆行者们,习近平总书记在 2020 年 9 月 8 日的全国抗击新冠肺炎疫情表彰大会上这样强调:"抗击新冠肺炎疫情斗争取得重大战略成果,充分展现了中国共产党领导和我国社会主义制度的显著优势。"正因为有我们党英明的决策,我们才能在这场与新冠肺炎疫情的战争中打得漂亮。党旗和国旗,永远飘扬在我们心中,支持着我们的信念。

抗击新冠肺炎疫情,是一首华夏子孙的自信赞歌:这首赞歌为党而唱,也为我们自己而唱。我从未比在这次漫长的"假期"中更深刻地感受到这片土地的强大,这片土地上人民的坚韧:有人在病房里坚持救治病患直到自己双腿瘫软;有人在工作中不幸感染病毒,生命危在旦夕;有人在高强度的工作后体力不支倒下……即使可能是无用功,即使可能因为别的病患而错过对自己亲人的关心和救治,他们从来没有开口说过一句"我不行""我不能"。有外国记者在采访时表示:"我很难想象中国能在封闭管理、大家都自觉居家隔离的条件下,正常地运作数月之久。"疫情期间的卓越表现,让中国人民可以站起来为自己高唱一首赞歌,赞颂在历史的长河中传承下来的"逆行"精神;赞颂中国共产党的英明果断;赞颂每个人,每个坚信着、努力着、盼望着的可爱的人。

我们中国,终将新冠肺炎疫情变成了一个冒号:能把问号扭转为感叹号,是因为那面缀着党徽的红旗,无时无刻为我们保驾护航。中国共产党——这个为我们打碎"东亚病夫"的枷锁,使中国登上世界舞台的政党,现在又率领人民抵御了新冠病毒的侵袭。正如今年，即 2021 年，庆祝中国共产党建党 100 周年的标语"奋斗百年路　启航新征程"所昭示的，中国这艘正在平稳前行的大船，一定会在中国共产党这盏明灯的引领下，驶向更好更广的明天。

"若我中国少年强，何惧梦远不难圆。"

上海市向明中学　徐睿琳

文章以三个标点符号作为题目和线索贯穿全文，既生动形象体现了中国在经历新冠肺炎疫情前后的发展变化，也侧面反映出了中国共产党的英明领导，切合主题。本文中一系列时间线索突出了"生命重于泰山，疫情就是命令，防控就是责任"的以人为本的宗旨，通过小作者自身情绪的转变体现了中华民族不畏惧、不回避，勇于面对一切困难的精神。特别是文章最后的"冒号"，观照我国对待疫情的反应速度和广大人民的奉献精神，再一次表述在中国共产党的领导下全民动员坚守岗位，做到守土有责，守土尽责，为中国人民和中国共产党"高唱一首赞歌"。

指导教师：彭娟

文化自信在莫高窟的复兴中恣情生长

"敦者，大也；煌者，盛也。"在浑厚古朴的阵阵驼铃声中，我窥见了古丝绸之路的璀璨，也深刻感知到了百年来在中国共产党的领导下文化自信的生长。

文化自信是一个国家、一个民族发展中最基本、深沉和持久的力量，弘扬中国特色社会主义文化自信，是强固民族脊梁的必要条件。而莫高窟，正是中国特色社会主义文化自信成功实践的见证者。

曾记得，5 岁那年，母亲便携我来此。看着那穿着薄衣薄带的菩萨彩衣飘拂，翩翩起舞，而每个洞窟内却似毫无二致，年幼的我又怎能理解她所说的传奇呢，我便只是敷衍地听着讲解员兴奋自豪的讲说，百无聊赖地在窟门口踱步，徘徊。

而终于，我慢慢长大。我渐渐了解莫高文化，我慢慢发现，原来以前看到的幅幅壁画都是有生命的，只是幼时参不透。我心生悔意，随着岁月流逝，这种迫切感愈发强烈，促使我再去一探究竟。

又见敦煌，莫高窟依旧昂然迎接着我的到来。

莫高窟，莫同"漠"，四周的戈壁拥着这高高的石壁和洞窟。窟内，头顶上精致的藻井，四周环着的飞天，"弦鼓一声双袖举，回雪飘飖转蓬舞"的胡璇舞女……一如初见。佛像亦端庄地微笑着，苦涩着，沉重着，安详、坦然而超逸，鹄立如故。那么多的人，脸上显露的，依旧是如朝圣般的虔诚。讲解员一如既往地向我们逐个介绍洞窟，"自西汉张骞使西域，敦煌之史于是始，那个时代，是强固民族脊梁之端……"彳亍着，我来到了第 257 号洞窟，恍然发现，这里住着我小时候的记忆——那是九色鹿。很小的时候就看过《九色鹿》动画片，而它如今在这壁画上鲜活了起来。我慢慢了解到，南北朝时期的僧侣们，也曾在此，风餐露宿，手执画笔，画下信仰，执着着他们的执着。也许，他们相信，佛，会庇佑商贾们安全走出沙漠罢。我才发现，那幅壁画所诉说的，是信仰的力量，是坚强，更是生生不息。

再后来,它一点一点,被人们遗忘。

直至 19、20 世纪之交,王圆箓道士来到此地——这个故事是那样真实和惊人,我至今仍无法想象,是何种机缘,让一个道士来到佛教洞窟,意外发现藏经洞,并为之付出了一生去守护。曾经的我对他是鄙夷甚至唾弃的,而今回首历史,在他写给慈禧的那封信里,"守护"二字滴着血写得分明!余秋雨在《文化苦旅》中写道:"斯坦因看到的,是凄艳的晚霞,那里,一个古老民族的伤口在流血。"而我如今终于了解到,那时,只因清政府懦弱,各军阀混战,才使王道士在不得已的情况下把经书交给斯坦因,是因为他需要一个代替他守护这些经书的人,而很遗憾,当国力不足之时,我们无力守护。我想,斯坦因那时看到的,还有一个被阉割的中国魂吧!

我终于明白了"弱国无外交"这个道理。8 年后,我才真正读懂了当一个国家无力守护属于自己东西时的悲愤与哀恸,读懂了由王道士的一瞬间,换成今人流了千年泪的无奈。经书不会揶揄我们的卑微,佛像亦不会为此而悲哀,但当我未来某一刻,去法国看到精致的经书,在美国哈佛大学看到芈夫人写给她丈夫唯一的书信时,我只能发出最深切而无奈的叹息。

光阴流逝,曾经深埋于此的盛衰荣辱如流水逝去。我常常于学业冗杂之际关注着这片心之所向的土地,蓦地发现,新时代的文化自信正于无形之中悄然改变着它。而今,护栏和二氧化碳检测器已然投入使用,保护文化遗产的同时,未尝妨碍游客们观摩这一文化。我深深感受到:文化自信绝非随意而空洞的口号,而是呼之欲出的民族自豪与文化骄傲。它既保护了文化遗产,更令人们从膜拜文化的载体中感知历史的呼吸:莫高窟的故事现亦已与先进的球幕影院、3D 影院精致结合,诉说着压抑千年终于喷薄而出的辉煌,我深爱的莫高窟,终于将自己的故事淋漓尽致地展露在苍穹之下。

但不得不提的是,莫高窟的复兴,从理论到实践,都举步维艰。

无数志士仁人将注意投放到陇右大地,为其文化的复兴燃烧自己的那一份热情,其中"敦煌女儿"樊锦诗,当位列其首。1963 年毕业于北京大学历史系的她,刚毕业就放弃了北京与上海的工作机会,毅然投入莫高文化保护与复兴的艰苦工作中,40 余年如一日,任窗外世界变化,她都执着地坚守在自己的阵地上,与莫高文化的传承打着持久战。《敦煌石窟研究百年回顾与瞻望》《敦煌石窟全集》，一部部精心撰写的石窟研究资料的面世，无一不在向世界宣告莫高窟曾经璀璨的存在。

但她的伟大绝不止于此。当代卓越的科学技术让莫高文化的进一步保存、发展与研究变为了可能，在积极谋求国际合作之下，联合国教科文组织终于协助她与日本、美国等国开展合作项目，莫高石窟的研究保护，终于慢慢与国际接轨。

45 000 平方米，2 000 多尊彩塑，40 余年便在这诸多洞窟的研究中悄然流过，但岁月不仅没有使这位女性失去对莫高文化复兴的期冀，反而使她的知性和优雅在大漠的淘洗中愈发豁达和明朗。

"刚开始进行莫高数码化时，搞了半天也做不出什么来"，正如她所言，他们（敦煌研究院）"只有不断地对外寻求帮助，不断地争取"，才能不断进步。诚然，正是因为有无数前人锲而不舍地协心勠力，才有了我们今天高度发达的莫高窟数码信息库、制作精美的小程序，实地游览时，才有球幕影院、3D 影院，参观者分流的同时，也能帮游客科普莫高窟兴衰荣辱的历史，讲解员挑选洞窟讲解时，可通过观察门外侧的二氧化碳检测器指数是否过高来决定是否更换游览路径……

"世界上没有任何一处遗址有那么多的壁画。"白发苍苍的老人坐在轮椅上，看着身前座无虚席的新时代年轻人兴奋而自豪地讲着，津津有味。在《开讲啦》中，她带领更多年轻人认识并感知美。两队飘飘自在的飞天，她能通过分析飞天着装发现中西方文化的交汇。我从她看飞天、壁画时的眼神中读出了热爱与执着，没有这份拳拳之心，她又怎会将韶华皆付诸大漠之中而无怨无悔？正是有了樊锦诗们，文化自信才得以恣意生长。

人类敦煌，千年莫高，这段尘封已久的往事正被缓缓拉开序幕，流了千年的眼泪，正被重新聚焦。在党的领导下，越来越多的中国人正点燃文化自信的火苗。

闭上眼，记忆中那鲜艳明亮的飞天，昔日如此苍老，而今却是风华正茂。

上海市杨浦高级中学　　胡冬灵

2021 年中国共产党成立 100 周年,一个百年大党带领着一个千年古国经历了 70 多年的风风雨雨,人们容易看到的是政治制度的革新、经济建设的成就,然而,恰恰是一个国家发展到了一定的阶段,人们的文化意识才会觉醒,胡冬灵同学的文章从莫高窟的复兴阐发她对新时代文化自信的理解,可谓独辟蹊径而又发人深省。作者通过书写自身对莫高窟的观感变化,慢慢进入莫高窟的历史深处,进而为道士王圆箓的形象做出了大胆而又合乎情理的解读,既有个体经验的鲜活,也有历史背景的厚重,最终将目光落在"敦煌女儿"樊锦诗女士身上,对她为新中国文物保护事业的杰出贡献做出了高度评价,将她作为新时代文化自信的代表人物,可谓水到渠成,令人信服。作者的语言灵动,恰与莫高文化的厚实形成张力,可谓文章的又一亮点。

指导教师:张黎明　胡一之

百年中国　万年恢弘

　　在 2018 年度感动中国人物颁奖盛典中,一对夫妇吸引了我的注意力。他们有"浪的执着,礁的顽强。民的本分,兵的责任",他们认为"岛再小,也是国土! 家未立,也要国先安",他们为了守护开山岛,"三十二年驻守,三代人无言付出"! 他们的"两百面旗帜收藏了太多风雨""涛拍孤岛岸,风颂赤子心"! 他们就是共产党员王继才、王仕花夫妇。

　　王继才、王仕花夫妇所守护的开山岛位于我国黄海前哨,有着十分重要的战略位置。1985 年部队撤编后,设立了民兵哨所,岛上除了几排空荡荡的营房便只剩下肆虐的海风,被派去守岛的十多个民兵无一能坚持下去。1986 年 7 月,人武部政委找到王继才守岛,他一口答应下来,瞒着家人上了岛。

　　在王继才上岛后的第 48 天,王仕花来到岛上,含泪劝丈夫回家,王继才却对妻子说:"你回吧,我决定留下! 守岛就是守家,国安才能家安。"没想到几天后,王仕花辞掉了工作,把两岁的女儿托付给老人,上岛与丈夫一起守岛,这一守就是32 年。

　　王继才夫妇身为共产党员,32 年来每天在岛上升起国旗,把青春年华全部献给了祖国的海防事业,展现出"苟利国家生死以,岂因祸福避趋之"的家国情怀。在2015 年军民迎新春茶话会上,王继才向习近平总书记承诺守好开山岛并践行一生,他在国家背后默默奉献的精神值得我们每个人学习。虽然在 2018 年 7 月 27日,王继才不幸在岛上病逝,但他殒身不恤,有无数后继者在开山岛、在我国广阔版图的人迹罕至处继承他的遗志,用实践书写共产党员的奉献精神。

　　我的身边也有一名默默奉献的共产党员,他就是我的爷爷。爷爷在村里担任村会计一职,村民们有了难处,他都会主动伸出援手。一年秋天,村里的瓜果大丰收,要运到镇里去卖,爷爷便主动揽下了核算贩卖瓜果收成这一工作。卖出去的瓜果很多,爷爷的工作量也很大。那几天晚上,爷爷房间里的灯一直亮着,直到深夜……几天后,爷爷把整理好的数据交给村干部,村干部十分感谢爷爷,爷爷却只是笑着摆了摆手。在村中,也有其他的共产党员一直在为这个小村子默默付出,不求回报。

这百年来,共产党员一直在为人民、为祖国献力量。中国首位获诺贝尔科学奖的本土科学家屠呦呦、"大国工匠"李万君、社区平安的忠诚卫士汪勇,等等,在先进事迹被报道前,他们中的大多数人是默默无闻的,但他们一直坚守岗位,为祖国默默奉献,尽自己作为共产党员的一份力。每一位共产党员都值得我们学习,值得我们尊敬。

中国共产党自1921年建立之始,一直在为中国人民抵御外侮、为在中国全面建成小康社会的道路上奋力前行。2020年初,汹涌的疫情席卷全球。我国迅速作出反应,成功抑制了疫情的发展。逆行者中不乏共产党员,但也有一部分是普通的医生、护士。他们为了保护我们,不惜牺牲自己的安全,与家人告别,毅然奔赴"战场"。此刻,他们和共产党员一样伟大。在逆行者的舍身援助和全国人民的积极配合下,中国成为全球疫情期间唯一实现正增长的主要经济体,向全面建成小康社会的目标又迈进了一步。

无论国家处于什么样的境况,人民有什么样的困难,中国共产党会一直为祖国的建设、人民的幸福奉献力量。在共产党的带领下,中国会走向更辉煌的明天,向中国共产党致敬!

百年中国,万年恢弘!

上海市南洋中学　施文卓

此篇文章,在中国共产党百年华诞之际,将对党的认识、对党的感恩之心的书写落脚在具体的人物身上。由

"感动中国"等中国众多普通的劳动者的感人事迹的认知出发,细心观察、善于思考,介绍了自己的爷爷是一名勤勤恳恳、朴实智慧、热爱村民的村干部。小作者结合自己的经历,以小见大、见微知著,写出了亲身体验,富有真情实感,又能够结合当下的时事热点,展现了一名高中生对中国共产党的一腔赤诚。综上,这是一篇优秀的作品。

指导教师：张宏艺

记　住

中国，从这个词出现在这片大陆上起，就从未画上句号。

共产党，从这面旗帜沐浴在平等的阳光里开始，就始终守其初衷。

每每回首过去，眼前浮现的是些泛黄的画面。是黄土高原上的人的勤恳劳作，是治理洪水的严肃认真。而这些画面是美的，美出了生态，美出了文明，美出了中国。

为了更好地展望未来，一定要记住这囊括了血与泪的回忆。

记住吧，记住这一路以来的历史。

百余年前的烽火狼烟，列强入侵，京城沦陷，有人逃跑，有人为爱坚守。烈火焚烧了万园之园，毁了千古流传下的文物瑰宝，火烧得旺盛，熏得让人不安，点起了清醒的火种。火种的微光吸引着其他的微光，微光化为力量，共同学习进步，在失败中吸取着教训。

一次次觉醒，一次次蜕变，进化至今日。江南烟雨，清新得古典雅致；落日长河，奔涌得豪迈雄壮；摩天大楼，矗立得碧瓦朱甍。为了继续进步，切勿忘记一路以来的艰辛。铭记历史不是为了记住仇恨，而是为了不让历史重演。

记住吧，记住那红色血液里该有的优良品质。

我们记得要保有自信，但不是盲目自信。人，最可怕的不是疾病，而是丧失了意志和信念。站在坚实的基础上摇旗呐喊，喊出本领，喊出骄傲。也不能一头扎进泡沫海洋里洋洋自得，这样显得短浅无知。心中懂得发扬"自信"，将信念怀于心中。

我们记得要不懈坚持，"坚持"二字远不能只停于口中，付之以行动是对这二字最好的理解。正如我国抗疫，就是最好的例子，我们从未放弃一个病人，始终保持团结，坚持与病魔抗争到底。因为爱，因为坚持，因为相信，就是那最后一把钥匙打开了门。

我们记得要遵守品行。我们的品行会影响命运，给它打上自己的印记。好的品行是对自己的管束，是对他人的礼貌，亦是一个民族生存的灵魂。社会之所以有它的秩序与价值观，离不开那些好的品质的发扬，与广大人民的思辨。走中国的道路，要有中国的品行。

记住吧，记住来时的目标。

生活中的一个个目标是我们不放弃并突破自我的引擎。追求目标之时，逐渐形成了信念，可能伴随一生，给平淡的生命增添一番色彩。漫漫人生路，有了走下去的动力，收获了沿途的绚烂。

记住这些吧，让我们带着这包罗天地的大脑，插上一双叫"中国梦"的翅膀，飞向你我所期待的明天吧！哪里有美好，哪里有梦想，就向哪里飞。飞过硝烟，带来建设；飞过荒贫，带来发达；飞过山海，带来文化。

你我都是时代的传承者，是向着美好进击的无限可能。而像你我这样的人越来越多后，从渺小火柴变成不灭的火炬，向着我们的未来跑，向着中国的未来跑，向着人类的未来跑。

上海市光明中学　孙浩博

这是一首激情澎湃的散文诗。行文深刻立足于主题，又能"思接千载"，用厚重的历史感与充满诗意的文字，奠定了文章诗性的基调。

"记住"，记住什么呢？作者开篇即绾起一幅幅极具史诗感的画面：从勤恳劳作认真治水走来的"中国"，却在火光中瑰宝被焚万园尽毁——而"觉醒"与"蜕变"也正蕴藏其中。于此，我们党的初心是为了谁、为了什么，在这里

"不着一言尽得风流"。其后的铺展则顺理成章,围绕"记住"将自信、坚持、品行等熔铸于一段段充满思辨的文字中,回首过去、立足现在、展望未来一气呵成。文章语言的节奏感也值得一提,读来铿锵有力,尤有感染力。

指导教师：郭泳

图书在版编目（CIP）数据

初心之地的青春告白：上海市实验性示范性高中"闵行中学杯"庆祝中国共产党百年华诞主题征文选 / 朱吉政，何美龙主编. — 上海：上海教育出版社，2021.6
ISBN 978-7-5720-0844-3

Ⅰ.①初… Ⅱ.①朱… ②何… Ⅲ.①高中生 – 思想政治教育 – 文集 Ⅳ.①G631-53

中国版本图书馆CIP数据核字(2021)第089560号

责任编辑　储德天
装帧设计　卢　卉

CHUXIN ZHI DI DE QINGCHUN GAOBAI

初心之地的青春告白
——上海市实验性示范性高中"闵行中学杯"
　　庆祝中国共产党百年华诞主题征文选
朱吉政　何美龙　主编

出版发行　上海教育出版社有限公司
官　　网　www.seph.com.cn
地　　址　上海市永福路123号
邮　　编　200031
印　　刷　上海颛辉印刷厂有限公司
开　　本　700×1000　1/16　印张15.75
字　　数　235千字
版　　次　2021年6月第1版
印　　次　2021年6月第1次印刷
书　　号　ISBN 978-7-5720-0844-3/D·0009
定　　价　59.80元

如发现质量问题，读者可向本社调换　电话：021-64377165